큰 소리 내지 않고
세상을 내 편으로 만드는 법

큰 소리 내지 않고
세상을 내 편으로 만드는 법

**초판 1쇄 인쇄** 2019년 2월 25일
**초판 1쇄 발행** 2019년 3월 07일

**지은이** 주희진
**발행인** 임채성
**디자인** 산타클로스 김현미

**펴낸곳** 홍재
**주  소** 서울시 양천구 목동동로 233-1, 1010호(목동, 현대드림타워)
**전  화** 070-4121-6304    **팩  스** 02)332-6306
**메  일** hongjaeeditor@naver.com

**출판등록** 2017년 10월 30일(신고번호 제 2017 - 000064호)

종이책 ISBN  979-11-89330-06-4  13320
전자책 ISBN  979-11-89330-07-1  15320

홍재는 조선 제22대 왕인 정조대왕의 호로 백성들을 위해 인정을 베풀겠다는 큰 뜻을 담고 있습니다.
**도서출판홍재**는 그 뜻을 좇아 많은 사람에게 도움이 되는 책을 출간하는 것을 목표로 하고 있습니다.
책으로 출간했으면 하는 아이디어와 원고가 있다면 주저하지 말고 홍재의 문을 두드리세요.

hongjaeeditor@naver.com

# 큰 소리 내지 않고
# 세상을 내 편으로 만드는 법

주희진 지음

큰 소리 내지 않고 세상을 내 편으로 만드는 법

**지금 그대로의 당신도 충분히 괜찮다**

돈, 명예, 지위, 지식 등의 힘이 있는 사람은 자신의 그 힘을 이용해서 세상을 자기편으로 만든다. 그 결과, 내 편과 내 세상이 주는 안도감과, 성취감, 자신감, 편리함을 즐기면서 산다.

경험과 경력이 만드는 연륜 역시 힘이 될 수 있다. 결단력, 추진력, 통찰력 같은 매력적인 단어와 결합하면 강력한 힘을 발휘하기 때문이다.

"그 일은 시간이 지나야 해결할 수 있으니 너무 애쓰지 마."

"이 일은 때를 놓치면 후회하니 당장 해결해야 해."

혹시 일 때문에 힘들어 하는 당신 앞에서 이렇게 말하는 선배가 대단해 보이지 않던가. 그것이 바로 연륜의 힘이다.

그런데 만일 당신이 내세울 만한 힘은 물론 연륜도 없고, 소극적이며, 남들 앞에 나서기를 꺼릴 뿐만 아니라 대인관계마저 서툴다면?

그래도 괜찮다. 지금 그 모습 그대로도 얼마든지 세상을 당신 편으로 만들 수 있기 때문이다.

굳이 먼저 나서서 적극적으로 애쓰지 않아도 얼마든지 내 편, 내 세상이 주는 안정감은 물론 안도감과 성취감, 자신감을 누릴 수 있다. 나아가 일이 뜻대로 풀릴 뿐만 아니라 자신이 이해받고 인정받는다고 느끼며, 종종 행운도 잡게 될 것이다. 사람들은 완벽한 사람보다 빈틈 있는 사람에게 더 끌리고, 말 많은 사람보다 잘 듣는 사람, 큰소리치며 나서는 사람보다 신중하게 관찰하는 사람을 더 믿고 따르기 때문이다. 경쟁과 협력을 반복하는 조직 생활에서 약점은 약점대로, 장점은 장점대로 자기 자신을 인정하고 자기만의 길을 꾸준히 갈 때 세상도 슬며시 당신 편이 되어준다. 20년 가까이 조직 생활에 대해 강의하고 연구하며 만났던 이들의 다수가 그랬다.

### 성공하려면 완벽해야 한다는 착각

어느 직장에나 두 부류의 사람이 있다. 말로 일하는 사람과 일로 말하는 사람. 말로 일하는 사람은 자신의 공을 실제보다 더 과장되고 그럴듯하게 포장해서 자기 능력을 과시하는 경향이 있다. 반면, 일로 말하는 사람은 다른 사람들이 알아줄 때까지 묵묵히 자기 일에 집중한다. 강연하면서 만나는 사람들에게 "당신은 어느 쪽에 속하냐?"라고 물으면 대부분 "묵묵히 일하는 편"이라고 한다. 그러면 "어느 부류가 더 인정받는다고 생각하느냐?"라는 질문에는 십중팔구 "자신의 능력을 과시하는 사람"이라고 답한다. 남들 앞에서 자기를 드러내지 못하는 게 성공의 걸림 돌이라고 생각하기 때문이다.

우리는 나름대로 인정받기 위한 다양한 전략을 구사하고 있다. 예컨 대, 어떤 이들은 모든 일에 적극적으로 앞장서며 자기 가치를 드러냄으로써 자신의 영향력을 확인하고자 한다. 하지만 그것을 구차한 것이라고 여기거나, 자기를 드러내는 것을 껄끄럽게 여기는 이들도 적지 않다. 문제는 그런 사람들일수록 적극적인 사람들 틈에서 상대적인 위축감을 느낀다는 것이다. 그들은 소극적이고 소심한 자기 성격을 고쳐야 하는 건 아닌지, 적극적인 사람들보다 불이익을 받는 건 아닌지 항상 불안해 한다. 물론 그들에게도 인정받고 싶은 욕구가 전혀 없는 것은 아니다. 다만, 과장된 자기표현 없이 '조용하고 진실하게 자신을 드러냄으로써 인정받는 법'을 택하고 싶을 뿐이다.

많은 사람이 성공하기 위해서는 완벽한 재능과 외향적인 성격이 필수라는 강박관념에 시달린다. 그 결과, 사람들 앞에서 당당하게 자기 생각을 말하고, 명령하고, 계획을 세우는 사람이 리더가 된다고 생각한다. 그러나 유명한 리더 중에는 의외로 내성적인 사람이 많다. 그들은 자신을 차분히 되돌아보고, 자신의 강점과 약점이 무엇인지 잘 알며, 자신이 가장 좋아하는 일을 찾아 매진했다. 또한, 입이 아닌 두 귀를 늘 열어두었다. 자기 이야기를 하고 싶어 하는 사람이 많을수록 사람들은 귀를 바라보며 이야기한다. 그 결과, 소리 없는 귀의 영향력이 점점 커져 아무 말 없이도 주의를 집중시킨다. 이것이 상대를 긴장시키거나 위축시키지 않으면서 조용하게 자신의 존재감과 영향력을 각인시키는 가장 쉬운 방법이 아닐까 싶다.

### 소리 없이 자신을 드러내는 사람들의 비밀

이 책의 제목인 '큰 소리 내지 않고 세상을 내 편으로 만드는 법'은 달리 말하면 '힘든 세상살이에서 조금 수월해지는 법' 정도로 풀이할 수 있다. 아닌 게 아니라 '세상을 내 편으로 만든다.'는 말은 무척 매력적이다. 하지만 다소 추상적이다. 한 치 앞도 내다보기 어려운 인생에서 누가 과연 세상을 온전히 자기편으로 만들 수 있겠는가. 그런데도 살다 보면 어떤 날, 어떤 순간만큼은 세상이 온통 내 편인 것만 같을 때가 있다. 일이 뜻대로 술술 풀릴 때, 이해받고 사랑받는다는 확신이 들 때, 뜻밖의 행운이 찾아왔을 때가 바로 그렇다. 그때만큼은 세상이 모두 내 편인 것만 같고, '사는 맛'이 이런 거구나 싶은 강한 행복과 만족을 느낀다.

누구나 그 느낌이 지속되기를 바란다. 하지만 그게 쉽지 않다는 것이 문제다. 과연, 어떻게 하면 세상을 내 편으로 만들고, 지속적인 행복과 만족을 느낄 수 있을까. 굳이 멀리서 해답을 찾을 필요 없다. 똑같은 경험을 먼저 했던 선배들의 사례가 도움이 될 수 있기 때문이다.

'큰 소리 내지 않고 세상을 내 편으로 만드는 법'은 굳이 억지 쓰지 않고 타인에 대한 강제나 강요 없이 '나답게 세상을 살아가는 법' 정도로 풀이할 수 있다. 일에서도 인간관계에서도 조용하고 진실하게 그리고 자기답게 조화와 평화를 유지해 가는 당신 모습을 상상해 보라. 만일 지금 그 방법을 찾아 고군분투하고 있다면 이 책의 다양한 사례를 통해 위로와 공감, 노하우를 찾고 원하는 삶에 한 걸음 더 가까워지기를 바란다.

각계각층의 다양한 사람들을 만나 갈등 관리, 커뮤니케이션, 셀프 리더십 강연을 해온 20여 년 동안 소리 없이 자신을 드러냄으로써 원하는 것을 성취하는 '조용한 승리자'들의 모습을 적지 않게 보고 들을 수 있었다. 그들과 만남을 통해 찾아낸 노하우가 이 책을 통해 독자들에게 고스란히 전해졌으면 한다.

사실 이 책은 2012년에 출판된 《소리 없이 승리하는 법》의 개정판으로 '나서지 않아도 존재감이 드러나는 사람들의 비밀'이라는 부제에 맞게 경쟁 시대에 자기 PR이 구차하게 느껴지는 사람들과 자신을 드러내는 일은 서툴고 부족하지만 자기 분야에서 자기만의 방식으로 능력을 인정받고 싶은 사람들을 위한 책으로 기획되었다. 시간이 지나 독자들로부터 잊혀 가던 책을 도서출판 홍재 임채성 대표님의 제안으로 다시 수정하고 다듬어서 새로운 제목을 달고 출판하게 되었다. 수고로운 일을 기꺼이 해주신 모든 분에게 진심으로 감사드린다.

_ 주희진

큰 소 리

내 지 않 고

세 상 을

내 편 으 로

만 드 는 법

## PART 4  셀프 리더십 _ 불확실성의 시대! 답은 내 안에 있다
‖‖‖‖‖‖‖‖‖‖‖‖‖‖‖‖‖‖‖‖‖‖‖‖‖‖‖‖‖‖‖‖‖‖‖‖‖‖‖‖‖‖‖‖‖‖‖‖‖‖‖‖‖‖‖‖‖‖‖‖‖‖‖‖‖‖‖‖‖‖

# PART 5 실패할 권리_부끄러운 포기보다 당당한 실패가 낫다

# PART 1

## 이기는 전략

||||||||||||||||||||||||||||||||||||||||||||||||||||

## 나다움을 지키며, 나답게 성공하기

· · ·

---

우리가 믿는 시간의 순서에 따르면

9월의 장미는 늦게 핀 것이 확실하다.

하지만 그것을 낯설게 볼 이유는 전혀 없다.

그저 다른 장미와 달리 9월에 피었을 뿐이다.

혹시 당신도 지금 9월의 장미처럼

자신이 너무 늦된다고 걱정하고 있지는 않은가.

그렇다면 괜한 걱정을 하는 것이다.

어쩌면 그래서 더 주목받고,

더 오래 기억될 수 있다는 사실을 알아야 한다.

**── '늦게 피는 꽃도 충분히 아름답다' 중에서**

# 늦게 피는 꽃도
# 충분히 아름답다

**평균의 덫, 익숙함의 덫에 빠져 있지는 않은가?**

대학 강의에 한창 재미를 붙이던 때, 새 학기가 시작될 때면 왠지 모르게 분주하고 설레었다. 이번에는 과연 어떤 학생들과 만날지, 그들의 기대와 열정은 어느 정도일지, 그들을 위해서 무엇을 준비해야 할지 몰라서 온종일 몸과 마음이 바빴기 때문이다.

그때 리더십 과목 수강생들의 열의는 참으로 대단했다. 그 때문에 나역시 그들과의 첫 만남에 쓸 화두를 찾기 위해 매번 고심하곤 했다.

어느 해 가을학기 개강 첫날이었다. 성큼성큼 걸음을 바쁘게 옮기는데, 활짝 핀 장미 두 송이가 발걸음을 멈추게 했다. 9월의 장미였다. 나는 계절과 어울리지 않게 핀 그 꽃을 한참 바라봤다. 그리고 이내 그것을 첫강의 인사말로 사용하기로 했다.

"여러분, 9월에 핀 장미를 보면 무슨 생각이 드나요? 너무 늦게 피었다고 생각하나요? 혹시 서둘러서 일찍 피었다고 생각하는 사람은 없나요?"

대부분 학생은 당연히 늦게 핀 것이라고 했다. 9월은 5월보다 4개월이나 뒤에 있으니 잘못된 말도 아니었다.

그런 그들을 향해 나는 또 다른 질문을 했다.

"그렇다면 여러분은 5월의 장미인가요, 9월의 장미인가요?"

일순간 강의실 안은 침묵으로 가득했다. 학생들은 자신을 늦게 핀 장미라고 생각하고 있었다. 그러다 보니 남들보다 재능이 부족하고 뒤처진다고 생각하는 마음속 방해꾼이 스스로를 주눅 들게 하고 위축시키는 듯했다.

'대학입시에서 재수, 삼수했다.', '친구들은 여러 번의 연애 경험이 있는데, 나는 아직 첫사랑도 못 해봤다.', '취업이 확정된 친구도 있는데, 나는 아직 구직활동 중이다.', '아직 적성과 진로를 찾지 못했다.', '인생 목표가 없다.'라는 것과 같이 자신을 9월의 장미라고 느끼는 이유는 생각보다 다양했다. 그래서인지 이제 갓 20대에 접어든 9월의 장미들은 몹시 초조하고 우울해 보였다.

### 중요한 것은 시간의 순서가 아닌 뭔가를 이루는 과정

당신은 과연 어떤가? 당신이 9월의 장미를 봤다면 과연 어떤 생각을 했을까. "어머, 가을에 웬 장미? 참 늦게도 피었네."라고 했을까, 아니면

"내년 봄에 필 장미가 벌써 핀 거야? 참 빠르기도 하지."라고 했을까.

나도 처음에는 의심의 여지 없이 그저 '늦게 핀 장미'라고만 생각했다. 한 해를 1월에 시작해 12월에 끝나는 것으로 보고 사계절의 시작과 끝을 봄, 여름, 가을, 겨울로 나눈다면 9월의 장미는 분명 제때를 한참 넘긴 것이 맞다. 그렇게 생각하니 장미가 왠지 낯설고, 외롭고, 초라해 보였다. 그런데 한편으로는 '혹시 내년 봄에 필 장미가 벌써 핀 것은 아닐까. 어쩌면 그럴 수도 있겠다.'라는 생각이 들었다. 그러자 장미가 더욱더 탐스럽고 아름답게 보였다.

우리가 믿는 시간의 순서에 따르면 9월의 장미는 늦게 핀 것이 확실하다. 그러나 만일 우리가 시간의 고정관념에서 벗어나 가을을 사계절의 시작으로 생각한다면 그것은 늦게 핀 것이 아니라 성급하게 핀 것이다.

이렇듯 하나의 사실이나 현상도 관점에 따라 전혀 다르게 받아들여질 수 있다. 어디에 기준을 두느냐, 어떤 가치관을 따르느냐, 지향점이 무엇이냐에 따라 순서와 평균, 관점 등이 재구성되기 때문이다.

우리가 당연하다고 여기며 지키기 위해 애써 왔던 많은 일에는 관점의 힘, 평균의 힘이 작용한다. 예컨대, 올드 미스나 만학도와 같은 단어에는 암묵적으로 적령기, 평균적인 때, 바람직한 시기에 대한 고정관념이 깔려 있다. 그러나 우리가 지키려는 순서와 시간, 적절한 때, 평균, 다수의 논리는 '이미 익숙해져 의심하지 않게 되어 버린 하나의 규칙'일 뿐이다. 만일 우리가 인생에는 '때가 있다'라는 굳어진 사고의 틀에서 벗어난다면 그런 규칙 대부분은 제힘을 발휘하지 못할 것이 틀림없기 때문이다. 평균과 적령기의 의미는 그 기준과 틀에 나를 맞추려고 하는 그 순간 막강한 힘을 갖게 된다. 반대로 기준과 틀을 무시하면 그 힘은 서서히 쇠퇴해서 아무런 영향력도 발휘하지 못하고 사라진다.

그동안 당연하게 생각했던 내 안의 기준, 즉 '익숙함, 평균, 적절한 때'를 의심하라. 특히 그것이 나를 울리고, 괴롭히고, 의기소침하게 만든다면 스스로 평균의 덫에 빠진 것은 아닌지 한 번쯤 되돌아볼 필요가 있다.

너무 늦은 것도, 그렇다고 해서 너무 빠른 것도 없다. 그저 각자가 자기 리듬과 시간에 맞춰 살고 있을 뿐이다. 불과 몇 년 늦고, 빠른 것의 차이는 긴 인생을 놓고 보면 큰 의미가 없기 때문이다. 그러니 9월의 장미 역시 낯설게 볼 이유는 전혀 없다. 그저 다른 장미와 달리 9월에 피었을 뿐이다. 5월이건, 9월이건, 시기의 늦고 빠름이 장미를 대하는 우리의 자세를 좌우할 이유는 전혀 없다. 다만, 장미를 바라보며 우리가 깨달아야 할 점이 있다면 그것은 개화 시점이 아닌 '힘겹게 봉우리를 맺고 꽃을 피워내는 과정'이다. 그런 점에서 삶에 대해, 익숙함에 대해 다시 한번 생각하고 관점을 전환하는 철학적 사고의 기회까지 제공해주니, 9월의 장미야말로 그 존재의 의미가 더 대단하다고 할 수 있다.

혹시 당신도 지금 9월의 장미처럼 자신이 너무 늦됐다고 걱정하고 있지는 않은가. 그렇다면 괜한 걱정을 하는 것이다. 어쩌면 그래서 더 주목받고, 더 오래 기억될 수 있다는 사실을 알아야 한다.

# 불공평한 싸움으로부터
# 자기 지키기

**사자와 소를 한 우리에 가두는 것은 애당초 불공평하다**

사자와 소를 한 우리에 가두었다. 과연 어떤 일이 일어날까. 육식동물인 사자와 초식동물인 소가 한 우리 안에서 정정당당하게 겨뤄 승자와 패자를 가리는 자유로운 경쟁이 가능할까. 그렇지 않다. 누구나 짐작하는 일이 일어날 게 뻔하기 때문이다.

이와 관련해서 영국 시인이자 화가인 윌리엄 블레이크<sup>William Blake</sup>는 이렇게 말한 바 있다.

"사자와 소를 위한 하나의 법은 억압이다."

사자와 소를 한 울타리에 넣어 놓고 자유롭게 경쟁하라고 하는 것은 사자에게 소를 잡아먹으라는 얘기와도 같다. 애당초 경쟁 상대가 되지 않기 때문이다. 그러므로 굳이 사자와 소를 한 우리 안에 가둘 필요는 없다. 아니, 불공평하다. 그럼에도 불구하고, 꼭 한 우리에 가둬야 한다면? '칸막이'라도 만들어야 한다. 둘 사이에 평화롭게 공존할 수 있는 최소한의 보호막이 필요하기 때문이다.

당신은 사자에 가까운가, 소에 가까운가?

누구나 살다 보면 사자가 되기도 하고, 소가 되기도 한다. 막강한 힘을 가진 사람이라도 누군가의 앞에서는 소처럼 온순해지며, 평소에는 유순하고 내세울 게 없는 사람이라도 어떤 사람 앞에서는 사자처럼 거만하고 사납게 행세한다.

조직 생활이건, 삶이건 소들만의 세상이거나, 사자들만의 세상이었다면 나름대로 공평하고 정정당당한 경쟁이 가능할 것이다. 하지만 다행인지 불행인지, 어디를 가건 소와 사자가 섞여 있다. 그러다 보니 본의 아니게 공평하지 못한 경쟁에 끼어들 수밖에 없다.

얼핏, 공정해 보이는 규칙을 보고 참여했는데, 막상 시작해 보니 사자들만의 리그에 잘못 들어간 것 같은 경험이 한 번쯤 있을 것이다. 또한, '그들만의 리그'라는 것을 뻔히 알면서도 어쩔 수 없이 사자들의 경기에 소 떼가 응원하러 가야 하는 상황에 부닥칠 수도 있으며, 사자들끼리의 경기에 들러리 역할을 해야 하는 때도 있다. 합격자와 기관을 이미 내정한 상태에서 시작하는 공개 채용, 경쟁 입찰이 바로 그 대표적인 경우다. 그런 점에서 한 여성 관리자에 관한 다음 이야기는 시사하는 바가 매우 크다.

대졸 여성 신입사원 공채로 입사한 그녀는 임원 승진을 목표로 결혼도 마다하고 오로지 일에만 몰두했다. 아이를 키우며 일에서 성공한다는 게 쉽지 않으리라는 판단에서였다. 그렇게 해서 15년을 회사에 모든 것을 바치며 일하다 보니, 드디어 회사에서도 '여성 임원'이 필요하다는 말이 나오기 시작했다. 그녀는 내심 '혹시 내가 최초의 여성 임원이 되지 않을 까'라며 부푼 꿈에 젖었다. 그런데 어느 날, 그녀 앞에 '최초의 여성 임원' 타이틀을 단 한 여성이 '짠'하고 나타났다. 그 후로도 두 명의 여성이 임원으로 승진했다.

그제야 그녀는 자신의 선택을 후회했다. 여성 임원의 존재가 '나도 저 자리까지 올라갈 수 있겠구나.'라는 역할모델이나 이정표가 되기는커녕 공채 신입사원으로 입사해서 올라갈 수 있는 최고 자리는 부장이라는 확신을 하게 했기 때문이다. 오로지 회사만 바라보며 충성한 자신과 달리 여성 임원들은 출신 성분부터가 달랐다. 외국에서 박사 학위를 받은 사람이거나, 혈통부터가 다르다는 기업주의 딸이었기 때문이다. 그때부터 주체할 수 없을 정도의 무기력함이 몰려왔다.

현재 그녀는 누구도 알려주지 않았던 게임의 법칙과 자신에게는 기회 조차 주어질 것 같지 않은 불공평한 게임을 계속해야 할지, 아니면 그만 멈춰야 할지 심각하게 고민하고 있다.

## 불공평한 싸움에 더는 침묵하거나 분노하지 마라

혹시 당신 역시 애당초 경쟁 상대가 되지 않는 사람들과 한 우리에 갇혀 있지는 않은가. 그렇다면 그것은 당신(소)은 물론 그들(사자)에게도 불행한 일이다. 소는 곧 죽을 운명 앞에서 어떤 의욕도 갖지 못할 것이며, 사자는 널려 있는 먹이 앞에서 야성의 본능을 잃을 것이 뻔하기 때문이다.

당신이 의욕 상실에 빠진 소건, 권태로운 사자건 간에 뻔한 싸움에서 생기를 잃고 있다면 더는 침묵하지 않아야 한다. 살아나는 방법을 스스로 찾아야 한다. 그 대표적인 방법의 하나가 바로 칸막이 설치다. 만일 칸막이 설치가 개인이 아닌 조직 차원에서 해야 할 일라면 법과 제도, 관행, 시스템 변경을 적극적으로 요구하라. 나아가 구조적 차원에서의 변화가 필요하다면 그것 역시 개선 및 재구축하도록 요구해야 한다.

그렇다면 승패가 뻔히 보이는 게임, 예컨대 지는 게임을 해야 한다면 어떻게 해야 할까. 그런 경우에는 목표를 수정하는 게 좋다. '한 수 배우겠다.'라는 마음으로 게임에 임하는 것이다. 특히 한 분야의 일인자와의 게임은 이길 수도 없지만, 굳이 이겨야 할 이유도 없다. 그럴 때는 이기는 데 초점을 맞추기보다는 실력 향상을 목표로 해야 한다. 나아가 '모두가 나보다 고수'라는 겸손함을 갖는다면 게임 자체를 즐길 수 있다. 그렇게 목표를 달성 가능한 수준으로 수정해서 마음 편히 즐기는 방법 역시 일종의 칸막이 효과다.

반복되는 고통은 그 원인이 따로 있다고 한다. 더는 불공평한 싸움에 침묵하거나 분노하지 마라. 분노가 당신에게 상처 내지 않도록 미리 칸막이를 쳐야 한다.

# 굳이
# 주인공이 아니어도 괜찮다

**럭비 경기장에 샤워장이 하나밖에 없는 이유**

럭비에는 '노 사이드$^{No Side}$' 정신이 있다. 경쟁 상대인 양 팀 선수가 경기 후 '편을 가르지 않고 친구가 된다.'는 뜻으로, 페어플레이를 중시하는 럭비의 기본정신이기도 하다. 그 때문에 정식 럭비 경기장에는 샤워장이 하나밖에 없다. 경기에서는 서로를 이기기 위해 치열하게 싸우더라도 경기 후에는 서로 하나가 되라는 뜻이다.

나는 럭비를 잘 알지도 못하지만, 너무 거칠게 보여서 그다지 좋아하지 않았다. 그런데 노 사이드 정신을 알고 나서 럭비라는 스포츠를 다시 보게 되었다. '나'와 '너'로 나뉘어 서로 빼앗고, 밀치고, 버티며 치열하게 승부를 가렸더라도 결국에는 '우리'라는 이름으로 함께 어우러져 마무리하는 것이 마치 '아름다운 경쟁'의 참모습처럼 보였기 때문이다.

굳이 주인공이 아니어도 괜찮다. 승점을 올리지 못하면 어떤가. 같은 시간, 같은 공간 안에 있었다는 것만으로도 충분히 의미 있다. 이기기 위해 온 힘을 다해 뛴 후 서로 포옹하며 운동복을 나누는 것이야말로 진정한 스포츠 정신이기 때문이다. 또한, 거기에는 승자와 패자를 뛰어넘어 둘을 하나로 묶는 뭉클함과 끈끈함이 깃들어 있다.

### 자기만의 방식으로 자기 자리를 빛내는 사람 모두가 주인공

아직도 2002년 월드컵 축구 이야기를 하는 사람들이 종종 있다. 그도 그럴 것이 당시 우리나라 사람 대부분이 붉은 악마가 되어 목이 쉬도록 거리 응원을 펼쳤고, 그에 힘입어 축구 대표 팀은 사상 최초로 월드컵 4 강 진출이라는 쾌거를 이루었다. 모두가 얼싸안고 하나가 되었던 기억이 아직도 생생하다.

굳이 따진다면 2002년 월드컵 축구의 주인공은 경기장에서 직접 뛰며 승부를 겨뤘던 선수들이다. 하지만 경기장에서 발로 뛴 그들만이 주인공이 아님을 우리는 잘 안다. 감독, 코치, 주치의, 비디오 분석관처럼 선수들 옆에서 그들과 하나 되었던 사람들 역시 주인공이기 때문이다. 또한, 광장과 경기장, 음식점 할 것 없이 모니터가 있는 곳이면 어디건 모여서 목이 터지라고 응원했던 붉은 악마 역시 주인공임을 부인할 수 없다.

삶이 한 편의 연극이라면 가장 자주 무대에 등장하고, 가장 대사가 많은 사람, 누가 봐도 한눈에 '저 사람이 주인공이야!'라고 할 수 있는 사람만이 주인공일 것이다. 하지만 그런 연극 무대라도 조명이 방향을 바꾸어 객석에 있는 사람을 비추면 어떻게 될까. 과연 그가 주인공일까.

주인공은 누군가가 정해주는 것이 아니다. 어떤 순간이건, 내가 주인공이라고 스스로 인식하지 못하는 사람은 절대 주인공이 될 수 없다. 무대 위에 진짜 주인공이 있을지라도 조명을 객석으로 돌리는 순간, 주인공은 바뀐다. 그러니 마음만 먹으면 누구나 주인공이 될 수 있다.

KBS 2TV 〈개그콘서트〉에서 3년 동안 '달인'으로 활동했던 개그맨 김병만은 몸을 사리지 않는 연기로 많은 시청자에게 웃음을 주었다. 사실 재치 넘치는 토크가 주를 이루는 시대, 그의 몸개그는 비주류에 가까웠다. 그러나 그는 '말을 잘하지 못해도 버라이어티할 수 있다.'라며 남들이 도전하지 않는 분야에 맨몸으로 도전해 그것을 개그로 승화해냈다.

굳이 주목받는 자리에 서지 않아도 좋다. 김병만처럼 자기만의 방식으로 자기 자리를 빛내는 사람들 역시 주인공이기 때문이다.

### 있는 그대로의 상황과 현실을 긍정하고 인정하라

중요한 것은 모든 사람이 주인공을 원하지는 않는다는 것이다. 많은 사람에게 주목받는 자리를 불편해하는 사람도 있기 때문이다. 그들은 언제, 어디서나 자신이 주인공일 수는 없다는 현실을 너무도 잘 알고 있다. 그 때문에 주인공이 아니어도 당당하게 즐기는 방법, 주·조연을 떠나 더 나은 내일을 만드는 방법을 찾고 싶어 한다. 그러니 그들에게 주인공이 되는 방법 따위는 그리 중요하지 않다.

사실 가장 앞서 나가고, 가장 먼저 이름 불리고, 누구나 알아보는 사람만이 주인공이라면, 우리 대부분은 주인공으로 살지 못하고 있는 셈이다. 그러니 더더욱 주인공이 아니어도 괜찮다. 그렇다면 '잘 차려진 밥상에 숟가락 하나 더 얹기'보다는 '그래, 이참에 큰맘 먹고 밥상 한번 그럴듯하게 차려서 주위 사람들과 함께 실컷 먹어보자.'라는 마음으로 하루하루를 사는 건 어떨까. 주인공이 아니라도 주인공보다 더 열심히 뛰는 것이다. 주인공만 열심히 하란 법은 어디에도 없다.

"굳이 주인공이 아니어도 괜찮아!"

이 말 속에는 자신 혹은 다른 누군가를 위로하고 치유하는 힘이 담겨 있다. '실패해도 괜찮아.', '주목받지 않아도 괜찮아.', '사랑받지 못해도 괜찮아.', '예쁘거나 멋지지 않아도 괜찮아.', '져도 괜찮아.', '나서지 않아도 괜찮아.', '착하지 않아도 괜찮아.', '남다른 능력이 없어도 괜찮아.' 등과 같은 있는 그대로의 상황과 현실을 긍정하고 받아들이는 수많은 뜻이 담겨 있기 때문이다. 그러니 이제 우리 자신과 사랑하는 사람들에게 이렇게 말해보자.

"굳이 주인공이 아니어도 괜찮아! 왜냐하면, 내게 있어 당신은 항상 최고이기 때문이야."

# 토끼와 거북이는
# 사는 땅이 다르다

**쓸데없는 속도 경쟁에 목숨 걸 필요 없다**

우리 사회에서 유능한 사람과 무능한 사람을 구분하는 기준 중 하나는 바로 '속도'다. 그래서일까. 우리나라 사람이 외국에 나갔을 때 현지인에게 가장 먼저 알려주는 말은 '빨리빨리'라고 한다. 그만큼 항상 서두르며 일하는 습성이 뼛속 깊이 자리하고 있기 때문이다. 물론 그런 빨리빨리 정신이 우리 경제 발전에 미친 막대한 힘 역시 부정할 수 없다. 문제는 부작용 역시 만만치 않았다는 것이다. 가능한 한 빨리 성공적인 결과물을 보려는 조급함은 과정의 옳고 그름을 무시하게 되었을 뿐만 아니라 충분한 시간을 들여 심사숙고해야 하는 일조차 대충대충 하게 만들었다. 그 결과, 기초 작업에 공들이지 않고 무조건 빨리, 많이 짓는 데만 치중했고, 옳고 그름에 관한 판단 없이 빨리 돈을 벌려는 욕심은 경제적 불평등과

물질 만능주의를 당연시하는 황금만능주의 풍조를 낳았다.

개인이 감당해야 하는 스트레스 역시 매우 많아졌다. 빠른 것은 곧 '유능'하고 '좋은 것'이라는 고정관념 탓이다. 그러다 보니 늘 시간에 쫓기기 일쑤다. 실례로, 어린아이조차 밥을 늦게 먹으면 잔소리를 듣고, 호기심이 많아서 이것저것 묻거나 여기저기 들여다보느라 늦기라도 하면 '행동이 굼뜨다.'라며 잔소리 듣기 일쑤다. 그것이 다가 아니다. 대학 재수를 하거나, 취업 재수라도 하면 '경쟁에서 뒤처진다.'라며 타박하고, 결혼이 늦거나, 결혼 후 아이를 늦게라도 낳으면 이런저런 걱정을 하며 불안하게 한다. 심지어 말을 느리게 한다는 이유로, 버스가 느리게 간다는 이유로, 의사결정을 빨리하지 않는다는 이유로, 점심 메뉴를 빨리 결정하지 않는다는 이유로 핀잔받기도 한다. 그러니 자신이 편안하다고 생각하는 속도에 맞춰, 자신의 인생관과 가치관에 따라 내면의 소리에 솔직하게 귀 기울이며 살다가는 경쟁력 없고 무능한 사람 취급을 받게 된다.

부정적 피드백을 반복적으로 받다 보면 어느새 눈치만 는다. 재촉하는 사람들 틈에서 인생을 여유롭게 생각하고, 일 자체를 즐기며, 하나의 주제에 심사숙고하기보다는 일단 일어나서 서성거리기라도 해야 할 것 같은 강박증이 생기기 때문이다. 그 결과, 무엇을 해야 할지, 그것을 왜 해야 하는지 알기도 전에 무조건 행동부터 하는 일을 반복하게 된다.

## 자기 리듬에 맞춰 균형 있는 삶을 살라

경쟁이 치열하고, 급변하는 사회에서는 일 처리가 빠르고, 행동이 민첩할수록 능력 있는 것처럼 보인다. 그러나 모든 것에는 동전의 양면처럼 장·단점이 있기 마련이다. 그저 빨리 달리기에만 신경 쓴 사람은 자신이 지나온 길에 어떤 나무가 있었는지, 중간에 어떤 사람을 만났는지, 함께 뛴 사람이 누구인지 전혀 알지 못한다.

'빠르다', '느리다'는 상황에 따라 장점이 되기도 하고 단점이 되기도 하는 하나의 특성일 뿐이다. 그러니 쓸데없는 속도 경쟁에 목숨 걸 필요 없다. 빠르다고 해서 자만해서도, 느리다고 해서 위축될 필요도 전혀 없는 것이다. 스스로 빠르다고 자부하는 사람도 더 빠른 사람과 만나면 느림보가 되며, 아무리 느린 사람도 더 느린 사람과 만나면 제법 빠르게 보이는 법이다. 속도란 지극히 상대적일 뿐 좋고 나쁨, 우월함과 열등함을 판단하는 절대적 기준이 될 수는 없다.

중요한 것은 빠름과 느림 사이의 균형이다. 그러니 쓸데없는 속도 경쟁에 괜한 헛심 쓰지 말고, 자신의 리듬에 맞춰 살되, 빨리 가야 할 때와 느리게 가야 할 때를 잘 구별해서 균형 있는 삶을 살면 된다.

# 목적지를 알고
# 가야 한다

### 어디로 가야 하는지 알고 뛰는가?

간절히 바라는 일이 있으면 우리는 누가 시키지 않아도 열심히 기도
하곤 한다. 한 번도 교회에 가 본 적이 없는 조카는 갖고 싶은 것이 있거
나, 엄마에게 혼날 일이 있으면 책상 앞에 앉아 조용히 두 손을 모으고
"하나님, 부처님 소원이 있어요."라며 소원을 빈다. 그 모습을 보며 웃기
만 하다가 어느 날, 조카에게 선물을 받는 비법을 알려주었다.

"엄마한테 가서 선물 받으려면 어떻게 해야 하는지 물어봐."

쪼르르 엄마에게 달려간 조카는 밤 9시 전에 자야 한다는 비교적 쉬운
약속을 지키기로 하고, 원하던 선물을 받는 데 성공했다.

나는 지금까지 어린 조카처럼 열심히 기도만 하는 사람을 적지 않게
만났다. 그들은 선물을 사줄 사람, 결정 권한이 있는 사람의 의견은 묻지

도 않은 채 자기 자신이나 아무 권한이 없는 사람, 나아가 신에게 의지하기만 했다.

인생을 살면서 깨닫는 지혜야 스스로 경험하면서 찾는 것이 좋지만, 얼마든지 쉽게 해결할 수 있는 문제를 어렵게 생각하는 것은 현명하지 못한 일이다. 예컨대, 신상품 개발기획안을 두고 방향조차 잡지 못한다면 혼자서 고민하는 것은 괜한 시간 낭비가 될 수 있다. 그 고민을 해결할 방법이 얼마든지 있기 때문이다. 일정 규모 이상의 회사에는 고객 니즈를 분석하는 부서와 시장의 흐름을 파악하는 부서가 별도로 있다. 이른바 고객과 시장 흐름 분석에 있어서 그들보다 뛰어난 전문가는 없다. 그러니 혼자서 고민하는 것보다 그들과 협력하면 얼마든지 쉽고, 빠르게 문제를 해결할 수 있다.

상사의 생각을 몰라서 고민할 때 역시 마찬가지다. "다시 해 와!"라고 소리치는 상사 앞에서 "네!"라고 대답하긴 했지만, 도대체 무엇을, 어떻게, 언제까지 다시 해야 하는지도 모르는 경우가 많다. 그러다 보니 자리에 돌아와서야 한숨과 함께 속마음을 슬며시 내뱉곤 한다.

'도대체 뭘 다시 해 오라는 거야?'

한참을 들여다봐도 통 모르겠다 싶어 동료와 저녁을 먹으면서 그동안 쌓인 푸념을 늘어놓는다.

"우리 팀장 도대체 왜 그래? 일을 시키려면 똑바로 시켜야지. 도대체 뭘, 어떻게 해야 하는지 모르겠어. 독심술이라도 배워야 할까 봐."

만일 내가 그 동료였다면 이렇게 말했을 것이다.

"뭘 다시 해오라는 건지, 구체적으로 어떤 부분을 수정하면 좋을지 팀장에게 물어 봤어?"

왜 잘 모르면서도 묻지 않는 걸까. 우리는 남의 말을 듣기만 하지, 잘 묻지 않는다. 특히 윗사람이 격한 감정이 되어 화를 내기라도 하면 도망치듯 빠져나오기 일쑤다. 상사의 지시를 정확히 이해하지 못했다면 반드시 되물어야 한다. 하지만 대부분 사람은 자신의 기준대로 해석하고 이해한 대로 일한다. 그러면 또 한 번의 불호령은 이미 예정된 순서다. 말하는 사람의 뜻과 듣는 사람의 해석 사이에는 항상 오차가 있기 때문이다. 그 때문에 분명히 들은 말도 제대로 이해했는지 다시 한번 확인할 필요가 있다.

그렇다면 '알아서 잘하는 게 곧 실력'이라는 잘못된 믿음은 과연 어디서 나온 것일까. 능력 있는 사람은 묻지 않는다는 착각 때문이다. 하지만 이는 '상사는 질문을 싫어해.'라는 잘못된 믿음이 만든 착각에 불과하다. 상사들의 생각은 다르기 때문이다. 그들은 모르면서도 묻지 않고 자기 마음대로 일 처리 하는 직원을 가장 대책 없는 사람이라고 생각한다. 몰라서 묻는 사람 보다 모르면서 묻지 않는 사람을 더 한심하게 생각하기 때문이다.

그동안 만난 수많은 상사는 시킨 일을 엉뚱하게 해 오는 직원들을 보면 이런 생각이 든다고 했다.

"달리기 선수가 열심히 달리는 게 다가 아니에요. 어디로 가야 하는지 알고 뛰어야죠."

능력 있어 보이고 싶은 마음이 앞선 나머지 몰라도 묻지 않으면 이렇듯 미련하고 한심하다는 소리를 들을 수 있다. 그러니 항상 정확히 확인하고 야무지게 일하는 습관을 들여야 한다.

### 정확한 이해와 분석을 통해 목표를 공유하라

처음부터 마음이 잘 맞는 사람은 없다. 모르겠다면 추측하지 말고 물어야 한다. 묻고 답하는 과정에서 서로의 뜻과 마음이 조금씩 열리고 맞춰져 가기 때문이다. 간혹 말하는 사람 역시 자기 생각을 정확히 모르는 경우가 있다. 생각이 미처 정리되기 전에 말한 탓이다. 따라서 서로 이야기하면서 마음과 생각을 정리하는 시간이 꼭 필요하다.

혹시 상사가 늘 애매하게 지시하고 대답한다면 자기 생각을 잘 정리하지 못하는 사람이거나, 아는 게 별로 없어서 정확한 판단을 내리기 어렵거나, 책임을 회피하기 위한 것일 수도 있다. 그런 상사일수록 당신이 듣고 이해한 말을 정리하여 다시 한번 확인한 후 실행에 옮겨야 한다. 그렇지 않으면 번번이 상사의 무능함과 무책임을 당신 탓으로 돌리는 빌미를 제공할 수 있기 때문이다.

눈치, 추측, 짐작이 아닌 정확한 이해와 분석을 통해 상대와 출발점 및 목표를 공유하고 출발하라. 그렇게 하면 자기 발전은 물론 인정받을 기회 역시 더 쉽게 얻을 수 있다.

# 살아 움직이게 하는
# 일을 하라

**외부의 불편한 힘으로부터 자기 자신을 보호하라**

무술<sup>武術</sup>의 '무<sup>武</sup>'는 문<sup>文</sup>의 상대 개념으로 무력이나 무기 등 폭력적인 의미를 담고 있는 것처럼 보인다. 하지만 한자를 풀어보면 '창과<sup>戈</sup>'와 '그칠지<sup>止</sup>'가 합쳐진 것으로 '창', 즉 '무기를 멈추게 한다.'는 뜻을 담고 있다. 진정한 무<sup>武</sup>는 '폭력을 쓰는 것이 아니라 멈추게 하는 것'이라는 의미다. 이소룡의 '절권도<sup>截拳道</sup>' 역시 '주먹을 멈추게 하는 무술'이라는 뜻을 담고 있다고 하니, 진정한 무란 행하는 것이 아닌 그칠 줄 아는 것을 말하는 게 아닐까 싶다.

스스로가 무능하고 초라하게 여겨질 때가 있다. '아무리 돌이켜 보고 곱씹어 봐도 인생에서 그럴 때가 단 한 번도 없었다.'라는 사람이 있다면 그를 멀리하는 것이 좋다. 그것이 그로부터 당신을 보호하는 최고의 방법이기 때문이다. 그런 사람은 삶의 의미와 인간관계에 대해 성찰할 줄 모르는 사람일 가능성이 크다. 또한, 자기애가 너무나 강하고, 자기중심적인 탓에 '지구가 나를 중심으로 돈다.'라고 우길 가능성 역시 크다.

자신이 무능하고 초라하게 느껴지는 순간이 있다는 건 세상과 잘 소통하고 있다는 증거다. 그러니 '왜 나만 그럴까'라며 낙담하거나 좌절할 필요 없다. 하지만 그런 생각이 자주 든다면, '무엇이 혹은 누가 그렇게 만드는지' 알아야 한다. 예컨대, 어떤 특정한 사람과 만날 때마다 그런 생각이 든다면 당분간은 그 사람과는 만나지 않는 것이 좋다. 또한, 어떤 일을 할 때마다 그렇다면 '그 일을 꼭 해야만 하는지' 생각해봐야 한다. 그리고 그것이 '지금', '꼭' 해야 하는 일이 아니라면 당분간 미루는 것이 좋다. 특정한 상황에 부닥칠 때마다 그런 생각이 들 때 역시 마찬가지다. 일단은 그 상황에서 벗어나거나 피해야 한다. 당신을 해치는 창戈이 있다면 일단 공격을 피하는 방법을 알 때까지 그 창을 멀리하고止 그 사이에 대항할 수 있는 힘武을 키우라는 얘기다.

당신을 해하는 폭력이 사람이건, 일이건, 상황이건 간에 조금 더 민감하게 반응할 필요가 있다. 무엇이 당신을 해하는지 구체적으로 알아야만 당신을 가격하는 주먹을 막아낼 수 있기 때문이다. 외부의 불편한 힘으로부터 '자신을 보호하는 일'은 누구에게나 필요한 최소한의 능력이다.

미국 흑인들의 영적 스승이자 민권운동가인 하워드 서먼Howard Thurman은 "세계가 무엇이 필요한지 묻지 말고, 무엇이 당신을 살아 움직이게 하는지 묻고 그 일을 하라."고 했다. 세상이 필요로 하는 것은 살아 움직이는 사람들이기 때문이다. 만일 당신이 살기 위해 자신을 해한다면 세상은 결국 당신을 버릴 것이다. 그러니 무엇보다 시급한 일은 당신이 지금 만나는 사람과 해야 하는 일이 자신을 해하는지, 아니면 살아 움직이게 하는지 분명하게 자각하는 것이다. 매일 만나는 사람, 해야 하는 일로부터 공격받는다면 절대 성공할 수 없기 때문이다.

### 자신을 빛나게 하는 사람과 일을 찾아라

마음이 맞지 않는 사람, 잘하려고 할수록 자꾸 꼬이기만 하는 일에서 자신을 보호할 방법을 찾았다면 이제 한 걸음 너 나아가 자신을 빛나게 하는 사람과 일을 찾아야 한다.

노래 실력이 떨어지는 사람도 목욕탕에서 노래하면 조금은 더 근사하게 들린다. 평소보다 음정도 더 잘 맞고, 높은음 역시 무리 없이 낼 수 있기 때문이다. 그 결과, 흥얼거리며 시작했던 노래가 점점 열창으로 바뀌기도 한다. 일명 '목욕탕 효과'다. 그렇다면 노래 실력이 갑자기 좋아진 것도 아닐 텐데, 그렇게 느끼는 이유는 과연 뭘까.

몸을 꽉 조이는 옷을 벗어 편안하고, 습기가 많아 성대가 촉촉해져 있으므로 목소리가 예쁘게 들리는 것이다. 술을 마신 후 노래방에서 노래 부를 때 역시 마찬가지다. 온몸의 근육이 알코올을 흡수해 이완된 상태에서는 성대가 한결 더 편안해지므로 평소보다 노래를 더 잘하는 것처럼 느껴진다.

그렇다면 목욕탕 효과를 직장에서 발휘할 수는 없을까? 왜 없겠는가.

직장에서 목욕탕 효과를 발휘하려면 다음 사항을 명심해야 한다.

먼저, 긴장하지 않아야 한다. 유머러스하고 창의적인 사람도 긴장하게 되면 '말짱 도루묵'이 되고 만다. 보여줄 수 없는 능력은 더는 능력이 아니다. 잠재력이 크다고 해서 누구나 금메달을 딸 수 있는 것은 아니다. 목욕탕 효과를 활용하며 자기 실력을 100% 발휘할 수 있는 사람만이 금메달을 딸 수 있다.

직장에서의 목욕탕 효과는 누가 만들어주는 것이 아니다. 자기 스스로 만들어야 한다. 만일 무미건조한 회의 분위기 때문에 자주 긴장한다면 맛있는 간식이나 유머를 활용해서 분위기를 바꿔야 한다. 또한, 발표할 때마다 심장이 두근거려서 목소리가 작아지고 자신감이 없어진다면 말더듬증이 있었던 윈스턴 처칠<sup>Winston Churchill</sup>의 동영상을 한 번쯤 찾아보는 것이 좋다. 그의 빈틈을 보고 자신감을 얻을 필요가 있기 때문이다. 예컨대, "처칠처럼 되려다가 말을 더듬게 되었습니다."라며 농담을 건네면 듣는 사람들 역시 한결 편안한 마음으로 당신의 말을 듣게 될 것이다.

우리가 일을 망치는 원인은 대부분 '다른 사람들은 다 나보다 잘하고 훌륭한데 나만 그렇지 않다.'라는 자괴감 때문이다. 그러나 나만 빼고 모두가 완벽한 것은 아니다. 많은 사람이 당신과 똑같은 생각을 한다. 하지만 그것은 능력 문제가 아니라 자신감이 부족하기 때문이다. 능력이 충분히 있는데도 자신감이 부족해서 그 능력을 발휘할 기회를 놓쳐서야 되겠는가.

직장에서 목욕탕 효과를 발휘하는 또 다른 방법 하나는 '파트너'를 찾는 것이다. 뜬구름 잡는 아이디어를 구체적이고 실현 가능성 있도록 끌어주는 상사, 옆에서 수시로 조언해주는 동료, 상사의 호된 질책에 위축되어 있는데 먼저 다가와 따뜻한 커피 한 잔을 건네는 후배 같은 이들이 바로 그들이다. 그들에게 먼저 손을 내밀어라. 그러면 그들 역시 당신과 손잡기 위해 고단함도 마다하지 않을 것이다.

시각장애를 갖고 있으면서도 올림픽 국가대표 역도 선수로, 투자전문가로 성공한 짐 스토벌Jim Stovall은 그의 책《최고의 유산 상속받기The Ultimate Gift》에서 이렇게 말한 바 있다.

"나눔이야말로 진정한 풍요로움이다. 우리는 다른 사람들이 무엇을 하고 있는지 알아야 한다. 그들의 노력을 칭찬하고 성공을 인정하고 그들을 격려해야 한다. 서로에게 도움을 줄 때 우리 모두 승리할 수 있다."

이제 당신이 소리 없이 성공하기 위해서 반드시 갖춰야 하는 최소한의 능력이 무엇인지 알았을 것이다.

첫째, 당신이 어떤 상황에 부닥쳐 있건, 어떤 사람과 어울리건, 어떤 일을 하건 자기 자신을 스스로 보호할 수 있어야 한다.

둘째, 당신을 빛나게 해줄 일과 파트너를 찾아야 한다.

그 어떤 것도 당신을 해하도록 내버려 뒤선 안 된다. '이게 아니다!' 싶으면 언제 건 스톱을 외치고, 당신을 불편하게 하는 모든 것을 멈추게 한 후 자신을 지켜야 한다. 나아가 당신에게 힘이 될 만한 사람을 만나거든 망설이지 말고 먼저 손을 내밀어라.

# 보이지 않는 눈과 입을
# 내 편으로 만들어라

### 보이지 않는 눈과 입이 만드는 '평판의 힘'

세상에는 보이는 눈과 입이 있다. 얼굴을 마주 대하고 있을 때 서로를 바라보는 눈이 '보이는 눈'이고, 서로를 향해 말을 전하는 입이 '보이는 입'이다. 보이는 눈과 입은 동시에 같은 말을 하기도 하지만 때로는 제각각 다른 의미를 전달하기도 한다. 입이 말하지 않는 것을 눈빛이 전하기도 하고, 눈빛에는 담겨 있지 않은 것을 입으로만 되뇌는 때도 있다.

눈과 입이 서로 다른 메시지를 전할 때 당신은 어느 쪽을 믿는 편인가? 많은 사람이 입보다는 눈이 주는 정보를 더 믿는다고 한다. "입은 거짓말을 해도 눈은 거짓말을 못 한다."라는 말이 있듯이, 눈빛에는 그 사람의 진심이 담겨 있다고 생각하기 때문이다. 그런데 눈앞에 보이는 눈보다 우리가 더 쉽게 믿는 것이 있다. 바로 '눈에 보이지 않는' 눈과 입이다. 눈

앞에서는 바른말을 못 해도 보이지 않는 곳에서는 마음 놓고 속 시원하게 이야기할 수 있다고 생각하기 때문이다. 그러다 보니 눈에 보이는 눈과 입을 내 편으로 만드는 것보다 눈에 보이지 않는 눈과 입을 내 편으로 만드는 게 훨씬 더 어렵다. 보이는 눈과 입이 서로 다른 말을 하듯이 '눈앞에서'와 '눈에 보이지 않는 곳에서' 누구든지 나에 대해 다른 말을 할 수 있기 때문이다.

눈에 보이지 않는 눈과 입이 만드는 힘이 바로 '평판의 힘'이다. 만일 눈에 보이지 않는 많은 눈과 입을 내 편으로 만들고, 그 입과 눈이 발 없는 말이 되어 나를 칭찬하고 조직 구석구석을 돌아다닌다면 그보다 더 신뢰도 높은 자기소개는 없을 것이다.

### 장수가 천군만마를 얻는 세 가지 방법

끊임없이 싸우고, 타협하고, 협력하고, 배신하는 경쟁자들 틈에서 성공해야 한다는 점에서 직장과 전쟁터는 무척 닮았다. 진심으로 자신을 지원해줄 원군을 많이 확보하는 쪽이 승리하는 것 역시 직장과 전쟁터의 공통점이다. 그러므로 장수가 천군만마를 얻은 방법만 안다면 직장에서도 얼마든지 내 편을 만들 수 있다.

많은 병법서에서 이야기하는 전쟁에서 장수가 천군만마를 얻는 방법은 크게 세 가지가 있다.

첫째, 앞장서야 할 때 앞장설 줄 알아야 한다. 백 마디 말이 아닌 한 번의 행동만이 사람의 마음을 얻을 수 있기 때문이다.《마흔에 읽는 손자병

법》이란 책을 보면 삼국통일의 주역인 김유신 장군이 고구려 낭비성을 공격할 때의 일화가 나온다.

첫 전투에서 고구려에 대패한 신라는 감히 공격할 엄두를 내지 못했다. 그때 김유신은 이렇게 말한다.

"옛말에 '옷깃을 들면 옷이 발라지고, 벼리를 당기면 그물이 펴진다.'라고 하니, 제가 옷깃과 벼리가 되겠습니다."

그 후 그는 혼자 적진으로 뛰어들어 적장의 머리를 베어 돌아왔다. 이를 본 신라 군사들의 기세가 끓어 오른 것은 당연할 터, 그들은 즉시 적진을 공격해 5천 명의 목을 베고 1천 명을 사로잡았다. 백 마디 격려와 응원의 말보다 장수 한 사람이 직접 몸을 던져 행동으로 보여주는 것이 군사들의 행동을 끌어내는 데 있어 훨씬 효과적임을 보여주는 일화다.

둘째, 공을 독점해선 안 된다. 훌륭한 장수일수록 전쟁에서 승리했을 때 그 공을 독점하지 않고 모든 군사에게 골고루 나눠준다. 새로 확장한 영토건, 전리품이건 공로에 따라 공정하게 나누는 모습을 보여야만 다음 전투에서도 천군만마가 그를 따르기 때문이다. 전쟁에 나가서 목숨 걸고 싸웠는데, 승리의 공을 장수 혼자서 독차지한다고 생각해보라. 과연, 어떤 병사가 목숨을 내놓고 그를 따르겠는가.

셋째, 한사람 한사람의 기억 속에 추억을 심어야 한다. 유명한 장수들에게는 꼭 병사와 관련된 일화가 전해온다.

《삼국사기三國史記》를 보면 백제 부흥군을 이끈 흑치상지 장군이 말을 병들게 한 병사에게 "어찌 말 때문에 사람을 벌하겠느냐?"라며, 그를 용서

한 이야기가 나온다. 사람보다 말이 더 귀한 대접을 받던 시절이었으니, 말을 죽게 한 병사가 받을 벌은 죽음뿐이었다. 그런데 그를 살려줬으니, 그 병사의 충성심이 더욱 커졌을 것은 보지 않아도 알 수 있다. 그 외에도 가정 형편이 어려운 어린 병사의 동생들을 몰래 돕거나, 군량미가 부족할 때 장군은 굶고 병사들은 먹인 일, 모두 잠든 한밤중에 막사를 돌며 부하들의 노고를 헤아리며 혼자 눈물을 흘렸다는 이야기 역시 장수와 관련해서 절대 빠지지 않는 미담이다. 그리고 이런 일화들은 보이지 않는 입을 통해 풍문으로 전해지면서 장수들에게 힘을 실어주었다.

### 모두가 함께 일하고 싶은 사람이 되어라

직장 역시 마찬가지다. 직장 내에 보이지 않는 눈과 입을 내 편으로 만들면 좋은 평판을 쌓을 수 있다. 그러자면 위에서 말한 세 가지, 즉 솔선수범할 것, 성과를 함께 나눌 것, 좋은 기억을 각인시킬 것을 반드시 기억하고 실천해야 한다.

내가 아는 모 팀장은 자기만의 방법을 통해 이 세 가지를 동시에 실행하고 있다고 했다. 스무 명쯤 되는 부하 직원들의 입사기념일을 한 명 한 명 챙겨준 것이다. 팀원들 간에 서로 생일을 축하해주는 일은 종종 있지만, 입사기념일은 본인 역시 잊고 지내는 경우가 많다. 또한, 생일을 챙겨준다고 해도 나이 어린 부하 직원들 몇 명이 전담 준비반이 되어야 한다면 그들에게는 또 하나의 업무 아닌 업무로 인식될 뿐이다. 그래서 그는 기념일은 팀장이 챙겨주는 날로 정하고, 기억에 남을 만한 의미 있는 날로 입사기념일을 택했다.

　팀원 중 누구라도 입사기념일을 맞으면 팀장이 식당을 예약해서 함께 점심을 먹고 축하 메시지가 담긴 카드와 선물을 건넨다. 카드에는 다음과 같은 말이 적혀 있다.

　당신과 한 팀이 되어 일하게 되어 매우 기쁘고 자랑스럽습니다.
　입사 5주년을 진심으로 축하합니다.
　우리 팀의 오늘은 당신의 5년 덕분입니다.

　이 모든 것을 팀장이 직접 준비한다. 팀원들은 참석하기만 하면 된다. 이런 팀장과 함께라면 과연 어떤 기분일까. 보이지 않는 입이 되어 그 소식을 여기저기 칭찬하며 돌아다닐 것이 틀림없다.

　혹시 이런 이야기를 들을 때마다 '나는 지지리 복도 없지. 언제쯤 저런 상사와 함께 일해 보나.'라고 생각하는 사람이 있다면 이렇게 말해주고 싶다.

　"그런 상사를 기다리지 말고, 당신이 그런 동료가 되어줘라."

　즉, 솔선수범하라는 얘기다. 그렇게만 한다면 당신의 말과 행동이 보이지 않는 눈과 귀에 작동 명령을 내리는 암호가 될 것이다.

# 자기 능력을
# 평가절하하지 마라

**반복은 지루함을 낳고, 지루함은 열정과 의욕을 꺾는다**

- 스스로 즐기면서 일하는가, 누군가가 시켜서 마지못해 일하는가?
- 날마다 발전하고 있는가, 겨우 버티고 있는가?
- 오늘 하루 최선을 다했는가, 현재 자신의 삶에 만족하는가?

위 질문에 자신 있게 '그렇다'라고 대답하는 사람을 나는 그다지 만나지 못했다. 심지어 자기 일에 최선을 다하며 사는 사람들조차 "마땅히 내세울 것 없는 평범한 하루하루를 보내고 있다."라고 말하곤 했다.

우리 대부분은 그다지 특별할 것도 내세울 만한 것도 없는 시시하고 지루한 일을 하며 하루하루를 보낸다. 그 장소가 사무실이건, 연구실이건, 학교건, 집이건 마찬가지다. 이미 정형화된 업무의 반복 속에 우리는 살고 있다. 아침에 일어나 세수하고, 밥 먹고, 출근하고, 이메일 확인하고, 전화하고, 또 밥 먹고….

그래서일까. 우리는 익숙한 것을 과소평가하는 경향이 있다. 그 결과, 늘 남의 떡이 더 커 보이며, 자신에게 익숙한 일, 사람, 환경은 보잘것없고 초라하게 여기며 평가절하하곤 한다. 반복은 지루함을 낳고, 지루함은 열정과 의욕을 꺾는다. 그러는 동안 뜨겁게 타올랐던 초심 역시 사라지고 만다. 그때부터는 적당히 눈치 보고 버티는 삶의 연속이다. 다급할 때 쥐어짜야만 비로소 움직이기 때문이다.

### '지금 잘하고 있는 걸까?' 절대 의심하지 마라!

자기 능력을 과소평가하거나 평가절하할 필요는 전혀 없다. 어떻게 해서건 일이 진행되고 그에 따른 결과물을 만들어낸다면 그 역시 능력이기 때문이다. 아닌 게 아니라 당신에게는 이미 익숙한 사소한 일이라도 누군가에게는 대단한 능력일 수 있다. 복사기와 팩스 앞에 처음 섰을 때의 막막함을 떠올려보라. 처음 상사의 결재를 받던 순간, 거래처와의 첫 미팅 순간을 기억해보라. 그리고 지금 자신의 모습을 보라. 당신 스스로 얼마나 많이 발전하고 유능해졌는지 깨달을 수 있을 것이다.

다시 말하지만, 익숙한 일은 시시해 보이고, 그런 일을 하는 자신 역시 시시해 보일 수 있다. 누군가는 그런 일을 참지 못하고 떠나기도 한다. 그런데 당신은 남아서 그것을 하고 있다. 떠나는 사람만 능력이 있는 것이 아니다. '버티기'도 능력이다. 버티기는 끝장을 보게 만드는 강력한 힘을 갖고 있기 때문이다.

리더십 강의를 하며 만났던 사람 중 마감이 임박해서야 비로소 일에 집중하는 자신을 한심하다고 생각하는 이가 적지 않았다. 하지만 이 역시 자기 능력을 과소평가하는 고정관념 중 하나다. 벼락치기도 어엿한 능력이다. 정말 일을 못 하는 사람은 순간적인 집중력과 몰입이 필요한 벼락치기 역시 할 수 없기 때문이다.

상사가 다그치고 언성을 높여야만 일이 되는가? 그 또한 괜찮다. 상사의 고성과 눈총에 기죽지 않고 그때부터라도 열심히 해서 새로운 아이디어를 모으면 된다. 자의건, 타의건, 쥐어짜야만 비로소 발휘되는 능력도 있기 때문이다. 그러니 '지금 잘하고 있는 걸까?'라며 자꾸 자기를 의심하면서 능력을 과소평가해선 안 된다.

# 다른 사람의
# 아류로 살지 마라

**다른 사람의 삶을 자기 삶인 양 착각하고 있진 않는가?**

한때 '아침형 인간'이라는 라이프 스타일이 크게 유행했다. 아침형 인간이 되지 못하면 어떤 방법으로도 성공하지 못할 것처럼 그 위세는 대단했다. 소위 잘 나가는 CEO들이 아침 7시부터 세미나를 하는 모습을 보면서 '역시 잘 나가는 사람들은 아침 일찍 일어난다.'라는 데 강한 확신을 하기도 했다. 그 때문에 몇 시에 잠자리에 들건 상관없이, 총수면 시간이 얼마건 상관없이 무조건 아침 일찍 일어나야 한다는 강박증에 시달리는 사람들이 적지 않았다. 책을 읽다가 새벽에야 잠이 든 학생도, '창작은 한밤중에 잘된다.'라던 작가들도, 심지어 밤새워 가며 장사하는 사람들조차 '새벽종이 울리고 새 아침이 밝으면' 눈을 뜨고 벌떡 일어나야 할 것만 같은 분위기였다. 실제로 부지런하고 계획성 있는 사람들, 대세에 묻어

가야만 편안함을 느끼는 사람들, 남보다 게을러서는 앞서갈 수 없다고 생각하는 사람들은 너나 할 것 없이 새벽 기상을 실천으로 옮겼다. 하지만 몸에 맞지 않은 옷을 입으면 오래 견디지 못하는 법. 대부분 작심삼일로 끝나거나 수면 부족으로 인해 온종일 시들시들하다가 결국 포기하는 사람들이 점점 늘어났다. 자신의 체력이나 생활습관, 작업조건, 업무량 등을 무시한 채 오로지 '아침형 인간'이 되는 데만 혈안이 되어 있었기 때문이다.

무작정 따라 하기는 거기서 끝나지 않았다. 채식, 마라톤, 자전거 타기, 걷기 등 잘 먹고 잘살기 위한 방법들이 최근 몇 년 동안 수없이 유행했다. 이런 열풍이 메뚜기 떼처럼 휩쓸고 지나갈 때면 마치 이 땅의 모든 사람이 아침 일찍 일어나서, 채식하고, 하루 한두 시간은 달리거나 걷는 것 같은 착각이 들 정도였다. 그러나 자신에게 어떤 생활습관이나 운동이 맞는지 알지도 못한 채 무조건 남들만 따라 하는 것은 오히려 역효과만 일으킬 뿐이다.

### 한 사람에게 통하는 방법이 모두에게 맞는 것은 아니다

직장에서도 마찬가지다. 동기가 후배들에게 인상 한번 팍 쓰면 당신 눈에는 후배들이 알아서 기는 것처럼 보일지도 모른다. 그래서 당신 역시 보란 듯이 인상을 한번 찌푸려 보지만, 후배들이 본 척도 하지 않는다. 평소에 스스럼없이 후배들과 어울리던 당신이 인상 쓰는 것이 오히려 장난스럽게 보였을 수도 있다. 비슷한 예로, 상사에게 불려가서 호된 질책을 받고 온 팀장에게 동료가 커피 한 잔을 건네자 팀장이 "고맙다"라며 따뜻한 인사를 건넸다. 얼마 후 비슷한 상황에서 이번에는 당신이 잽싸게 커피를 준비해 팀장에게 다가간다. 그랬더니 이번에는 "너는 이런 것에 신경 쓰지 말고, 네 일이나 좀 똑바로 해."라며 쏘아붙인다. 동기가 평소 기대 이상의 성과를 내는 사람이고, 당신이 늘 마감일도 지키지 못하는 조직의 문제아였다면 이런 일은 하루에도 수없이 일어날 수 있다.

이렇듯 한 사람에게 통하는 방법이 다른 사람에게도 늘 통하는 만병통치약일 수는 없다. 그러니 부자 되는 법, 성공하는 법, 소통 잘하는 법에 관한 책을 아무리 읽어도 그것이 곧바로 내 것이 되진 않는다. 똑같은 투자 전략 책을 읽고도 어떤 사람은 주식과 부동산으로 대박을 터뜨리는가 하면, 쪽박을 차는 사람도 있다. 성공한 사람의 인생을 바꾸는 계기가 되었다는 책을 읽은 사람이 그 한 사람만은 아닐 텐데, 그 책을 읽고 인생을 변화시킨 사람은 그 한 사람뿐일 수도 있다. 그러니 괜히 남들이 하는 방법, 남들에게 통하는 방법을 기웃거리며 시간 낭비하지 마라.

당신에게는 당신에게 어울리는 당신만의 비법이 필요하다. 사람 생김생김이 모두 다르듯 성공하는 법, 인정받는 법, 잘 먹고 잘사는 법 역시 제각각 다르기 때문이다.

# 열정이 식었다면
# 초심으로 돌아가라

### 처음으로 돌아가는 것을 주저하지 마라

삼고초려三顧草廬의 뜻을 아는가?《삼국지三國志》에 나오는 말로 '훌륭한 인재를 얻기 위해 참으성 있게 노력한다.'라는 뜻이다.

위 고사성어의 주인공은 유비와 제갈공명이다. 제갈공명의 명성을 들은 유비는 그를 자기 사람으로 만들기 위해 세 번이나 그를 찾아가서 무릎을 꿇었다. 그 정성에 감동한 제갈공명은 결국 유비의 책사가 되었고, 그의 이름이 역사에 남는 데 크게 공헌한다.

살다 보면 누구나 삼고초려 해야 할 때가 있다. 사랑에 빠진 남자가 사랑하는 여인의 마음을 얻기 위해 세 번, 아니 열 번이라도 찾아가 무릎 꿇는 것 역시 삼고초려다. 자기 생명과 영혼까지 다 바치겠다는 간절함이 있기 때문이다. 만일 '저 여자가 뭐 그리 대단하다고 그렇게까지 해야

해.'라는 생각이 든다면 절대 그런 행동을 할 수 없다. 문제는 그 마음이 오래 가지 않는다는 것이다. 사랑하는 여인을 얻기 위해 그 앞에서 무릎까지 꿇고 맹세했건만, 그 여인이 '내 여자'가 되면 곧 잊기 때문이다. 그러니 '자신의 영혼보다 더 사랑한다.'라며 애걸복걸하던 남자의 변심에 여자가 느끼는 섭섭함과 상처는 이루 말할 수 없이 크다.

직장생활은 삶의 축소판과도 같다. 직장에 들어가기 전과 후가 사랑하는 이의 마음을 얻기 전과 후와 묘하게 닮았기 때문이다. 구직활동을 할 때는 원하는 회사에 들어가고 싶어서 '어디서건 일할 기회만 주어진다면', '그 회사에 입사할 수만 있다면', '그분 밑에서 일을 배울 수만 있다면 무슨 일이건 못하겠어. 무릎이라도 꿇을 수 있어.'라고 말하지만, 막상 입사해서 그 사람과 함께 일하게 되면 자존심부터 챙기는 것이 사람 마음이다.

지금 당신은 과연 어떤가. 혹시 한때 열렬히 사랑했던 사람과 사소한 문제로 다툰 후 이별을 고민하고 있지는 않은가. 입사 초기, 업무 노하우를 전수해줬던 선배가 언제부턴가 우습게 보인 나머지 기 싸움을 하고 있지는 않은가. 협조 요청을 하는 다른 팀 실무자의 태도가 공손하지 않다는 이유로 갈등하고 있지는 않은가. 하지만 여전히 그를 사랑한다면, 선배에게 고마운 마음이 남아 있다면, 앞으로도 배워야 할 점이 남아 있다면, 동료와 상사의 협조가 필요하다면 처음으로 돌아가는 것을 절대 주저해선 안 된다.

## 필요하다면 몇 번이라도 끓어야 한다

《남자의 자격》이라는 TV 프로그램을 기억할 것이다. 매회 일곱 명의 출연자가 죽기 전에 꼭 해야 할 버킷리스트를 실행하는 프로그램이었는데, 그중 내가 가장 관심 있게 본 주제는 '초심 찾기'였다.

이제는 개그계의 큰 어른으로 대접받는 개그맨 세 명이 십수 년 만에 무대에 섰다. 오랜만인지라 역력히 긴장한 표정으로 무대 뒤에서 대사를 외우고, 우스꽝스러운 분장을 한 채 연기를 맞추는 그들의 모습은 자못 진지했다. '관객들이 과연 우리 개그에 웃어줄까?', '오랫동안 현장에서 떠나 있었는데 과연 괜찮을까?', '이 나이에 내가 왜 이 꼴로 무대에 서야 하지?'라는 걱정과 두려움, 후회가 그들에게 없었을 리 없다. 아닌 게 아니라 그들에게도 분명 두려움과 후회가 있었을 것이다. 하지만 그들은 용기를 내어 무대에 올랐고, 관객 앞에서 과감하게 망가지는 것을 두려워하지 않았다.

"이 미션을 통해 제가 뭘 하는 사람인지 확실히 알게 되었습니다. 저는 죽을 때까지 개그맨입니다."

그날 무대를 내려오면서 한 개그맨이 남긴 말이다.

초심으로 돌아가는 것은 절대 쉬운 일이 아니다. 사장 자리에 있던 사람이 하루아침에 신입사원처럼 발로 뛰며, 고객을 만나고, 상사에게 거부당한 기획안을 밤새워 수정하는 열정을 보이는 일이 과연 가능하겠는가. 하지만 하는 일이 시시해지고, 자존심을 내세우며 어떤 시도도 하지 않으려 할 때가 온다면 과감하게 처음으로 돌아가는 것도 그리 나쁘지 않다. 그러다 보면 '나는 죽을 때까지 개그맨'이라는 확신을 얻은 개그맨의 말처럼 자만심과 권태감으로 어지러워졌던 목표를 재정립하고 새로운 각오를 다질 수 있기 때문이다.

상황이 바뀌었으니 생각이 바뀌는 것은 어쩌면 당연하다. 개구리가 되어서도 올챙이 적 생각에만 갇혀 있다면 평생 연못에서 벗어날 수 없기 때문이다. 하지만 올챙이 적 생각에 갇혀 있지 않다는 것과 올챙이 적을 잊는 것은 엄연히 다르다. 다시 말해 원하는 것을 얻은 후에 삼고초려하며 마음을 얻고자 했던 간절함과 겸손함을 잊고 자만해서는 안 된다.

필요하다면 몇 번이라도 꿇어야 한다. 일을 망치고 사람을 잃는 것보다는 그깟 자존심쯤 잠시 접어서 주머니 속에 넣어 두고 무릎을 꿇는 편이 훨씬 낫다. 목표가 분명한 사람은 필요에 의해 자존심 접는 것을 절대 주저하지 않는다. 사람들이 뭐라고 하건 꿇어야 얻을 수 있는 것 앞에서는 과감하게 꿇을 줄도 알아야 승리할 수 있기 때문이다.

# PART 2

## 말 한마디의 힘

||||||||||||||||||||||||||||||||||||||||||||||||

## 어떻게 말하고 들어야 할까

●●●

───────────

위로 올라갈수록 직장생활은 외롭다.

특히 피라미드형 조직일수록 위로 올라가면

함께 고민을 나눌 동료 수가 급격히 줄어드는

반면 역할과 책임은 더욱 무거워진다.

그런데 그 마음을 속시원하게 털어놓을

상대가 없다 보니, 듣기 좋은 소리만 하는

부하 직원의 말이 아부인 줄 알면서도

가까이 두고 위안을 얻으려고 한다.

그렇게라도 해야만 고된 직장생활을

버틸 수 있기 때문이다.

— '위로 올라갈수록 직장생활은 외롭다' 중에서

# 인간관계에도
# 보이지 않는 선이 있다

## 보이지 않는 선을 가늠할 줄 알아야 한다

긍정이라는 단어가 모든 불안과 우울증, 질병을 없애주는 특효제라도 되는 듯 화제가 된 적이 있다. 매일 꾸준히 먹으면 모든 병을 예방하고 치료할 수 있다는 만병통치약처럼 말이다. 그에 따라 '긍정 심리학'이 주목받았고, '긍정의 힘'을 어필하는 책 역시 큰 인기를 끌었다.

사실 긍정적인 사람 옆에 있으면 부정적인 사람 곁에 있을 때보다는 확실히 편안하고 행복해진다. 왠지 모르게 우울하고 의기소침할 때, 그일을 꼭 해야 하는지 확신이 서지 않고 자신감이 없을 때, 막연한 불안감으로 인해 안절부절못하고 쉽게 동요될 때 긍정적인 사람을 만나면 진통제라도 맞은 듯 평온해지기 때문이다. 하지만 진통제도 정해진 투여량 이상 맞으면 오히려 건강을 해치듯이 매일, 누구와 있어도 긍정적인 사람 역시 주변 사람들을 간혹 힘들게 한다. 특히 대책 없이 긍정적인 사람이 문제인데, 그런 사람은 어디에나 한두 명쯤 있기 마련이다. 예컨대, '긍정 주사'를 맞고 났더니 진정이 되는 듯해서 생각을 정리할 겸 잠시 혼자만의 시간을 갖고 싶은데, "긍정 주사 괜찮지?"라며 대용량 주사를 한 대 더 들이댄다면 곤혹스럽기 그지없을 것이다.

아무리 긍정적인 격려도 계속 귓가에 대고 부는 나팔 소리라면 "제발 저리 좀 꺼져줘!"라고 외치고 싶어진다. 가뭄에 단비도 그치지 않고 계속 내리면 진창을 만드는 법이다.

### 사랑도 지나치면 독이 된다

"한순간도 너와 떨어져 있고 싶지 않아. 너를 작게 줄여서 주머니 속에 항상 넣고 다니면 좋겠어."

연애 초반에야 이런 달콤한 속삭임이 사랑의 증표가 될 수 있지만, 결혼 후 10년, 20년이 흘러도 매일 이런 말을 하고, 상대에게도 똑같은 감정을 요구한다면 과연 어떨까. 그것은 더는 달콤한 속삭임이 아닌 무시무시한 선전포고가 되고 만다. 실제로 이런 갈등 때문에 신경정신과 치료를 받는 사람들을 적지 않게 봤다. 과도한 애정은 집착을 부르며, 결국 의부증이나 의처증 같은 고통스러운 질병으로 변하기 마련이다.

다른 사람을 안쓰럽게 여기고 도우려는 마음 역시 마찬가지다. 표현 정도가 지나치면 고마움이 아니라 오히려 상대에게 비참함을 느끼게 할 수 있다.

전라남도 교육청에서 정리한 장애인 에티켓에 관한 내용을 보면 "장애인을 도와주기 전에 반드시 먼저 물어보라!"라는 말이 나온다. 실제로 장애인들이 일반인과 같은 직장에서 일할 때 가장 힘들어하는 것은 업무가 아닌 자신을 대하는 사람들의 태도와 시선이라고 한다. 돕고 싶은 마음에 자주 쳐다보고 조금이라도 힘들어 보이는 일은 대신해주려는 착한 마음이 오히려 상대방을 곤혹스럽게 만드는 것이다. 하지만 아무리 좋은 마음도 상대가 원하지 않으면 진심이 왜곡될 수 있다.

그런 오해는 친구들 사이에서도 얼마든지 일어난다. 마흔이 넘도록 싱글인 친구가 있었다. 그런데 그 친구가 얼마 전부터 연애를 시작했다고 한다. 반가운 마음에 연말마다 송년회를 함께 하던 친구들은 이참에 커플 모임을 하자며 거창한 이벤트를 준비했다. 그런데 그만 생각지도 못한 문제가 생기고 말았다. 그 친구가 실연당한 것이다. 결국, 그 모임에 그 친구는 나오지 않았다. 얼마 후 나는 그 친구에게 전화해서 "그래도 모임에는 나오지 그랬냐?"며 위로 아닌 위로를 했다. 그러자 친구는 허탈하게 웃으며 이렇게 말했다. "모임을 주최한 친구가 송년회 후 전화해서는 커플 모임으로 장소 예약까지 끝낸 후라 취소할 수가 없었다며, 혼자 오면 속상할 것 같아서 연락하지 않았다."라고 했다는 것이다. 그러면서 "괜찮지?"라며 물었다고 한다. 하지만 친구는 당연히 괜찮지 않았다. 화려한 싱글이 오히려 자유롭고 편하다며 실연의 상처를 달래던 자신의 모습이 친구들에게 안쓰럽게 보인다는데, 어느 누가 괜찮겠는가. 측은지심을 가장한 친구의 말 한마디가 아물었던 상처에 다시 한번 생채기를 낸 셈이다. 결국, '혼자서라도 가지, 뭐' 했던 모임이 '가서는 안될 자리'가 되어 버린 것이다.

친구의 처지를 너무 생각한 나머지 사이가 갈라지는 경우는 또 있다.

"백수인 네가 무슨 돈이 있겠니? 오늘은 월급 받는 우리가 한턱낼 테니, 먹고 싶었던 게 있으면 뭐든 말해봐."

친구들 모임에 나갔더니 회사 자랑, 연봉자랑만 실컷 하고 나서 한다는 소리가 이런 것이라면, 과연 '내 처지를 헤아려줘서 고마워.'라는 생각이 들까. 절대 그렇지 않다. 십중팔구 '나중에 누가 더 잘되는지 두고보자. 오늘 받은 수모는 그때 몇 배로 갚아주마.'라며 굳은 각오를 다질 것이 틀림없다.

### 아무리 좋은 말도 적당히 해야 빛을 발하는 법

착한 것도 지나치면 문제다. 설령, 그 시작은 순수한 마음이었다고 해도 마찬가지다. 아무리 좋은 말도 상대를 봐 가며 적당히 해야 빛을 발하는 법이기 때문이다. 듣기 좋은 노래도 한두 번이다. 무엇이건 적당한 선에서 멈춰야 한다. 우리가 '센스 있다.', '상식이 통한다.', '매너 있다.'라고 하는 사람들은 모두 이 선을 지킬 줄 안다. 눈치 없이 들이대다 가는 사람들이 자신의 안전과 편안함을 위해 확보하고 싶어 하는 최소한의 공간마저 위협할 수 있다. 친한 것, 고마운 것, 의지가 되는 것도 좋지만, 지나친 친절과 지나친 관심, 지나친 배려는 오히려 상대를 불편하게 할 뿐이다. 나아가 그것은 결국 나 자신의 부족함만 부각한다.

누군가를 위로하거나 배려하려면 그 보이지 않는 선을 가늠할 줄 알아야 한다. 부디, 센스를 발휘한다면서 '쓸데없이 오지랖만 넓은 사람'이 되지 않기를 바란다.

# 예측 가능한
# 사람이 되어라

### 어디서, 무엇을 하는지 반드시 알려라

'출필고반필면<sup>出必告反必面</sup>.' 줄여서 '출고반면<sup>出告反面</sup>'이라고도 한다. "나갈 때는 반드시 말하고, 돌아오면 반드시 얼굴을 본다."라는 뜻으로, 외출할 때와 귀가했을 때 부모에 대한 자식의 도리를 설명하는 고사성어다. 이는 공자<sup>孔子</sup>와 그의 제자들이 쓴 《예기<sup>禮記</sup>》에서 유래한 말로, 부모와 연장자를 대하는 도리에 대해서 이렇게 말하고 있다.

"무릇 사람의 자식 된 자는 밖에 나갈 때는 반드시 부모에게 목적지를 말하고, 집에 돌아와서는 반드시 부모의 얼굴을 뵙고 돌아왔음을 알려야 한다. 노는 곳은 반드시 일정해야 하고, 익히는 것은 반드시 과업이 있어야 하며, 항상 자신이 늙었다고 말하지 않도록 주의해야 한다. 나이가 두 배 많은 사람을 대할 때는 부모처럼 섬기고, 10년 연장자를 대할 때는 형처럼 섬기며, 5년 연장자를 대할 때는 어깨를 나란히 하되 그 뒤를 따라야 한다. 다섯 사람 이상이 한자리에 있게 될 때는 연장자의 좌석은 반드시 달리해야 한다."

만일 이렇게 실천하는 사람이 있다면 이미 윗자리에 올라 있거나 연장자 위치에 있을 것이 틀림없다. 또한, 젊은 사람이 그렇다면 윗사람의 사랑을 독차지할 것이다.

아랫사람 처지에서 보면 보통 이런 말은 강제적으로 따라야 할 의무 사항으로 들리기 마련이다. 그러니 순순히 따르기보다는 저항하거나 반항하고 싶어진다. 하지만 윗사람 처지에서 보면 당연한 도리이자 예의이다. 똑같은 말인데도 지위나 나이에 따라서 관점이 달라지기 때문이다. 그런 차이를 처지를 바꿔서 헤아릴 수 있다면 '위로부터 인정받는 아랫사람' 혹은 '아래로부터 존경받는 어른'이 될 수 있다.

회사에서 들어가고 나갈 때 목적지를 알리는가? 다른 사람들에게 부재중임을 알리는가? 팀원들이 당신이 어디에서 무엇을 하고 있는지 알 수 있도록 충분한 정보를 제공하는가?

'출고반면'은 사소한 것 같지만, 상대를 안심하게 하는 매우 중요한 행동이다. 상대는 당신이 예측 가능한 범위 내에 있다고 생각될 때 경계심을 풀며 의심하지 않는다. 그러나 당신이 어디로 튈지 모르는 럭비공처럼 느껴지거나 바람처럼 왔다가 구름처럼 사라지는 사람이라면 그만큼 당신에게 에너지를 더 쏟는다. 잔소리, 감시, 의심의 눈초리로 당신의 일거수일투족을 감시하는 것이다.

## 평판을 좌우하는 결정적 차이 '예측 가능성'

책을 쓰면서 스타일이 확연히 다른 두 팀장을 만난 적이 있다. 한 팀장은 비가 오나, 눈이 오나 정시에 출근하고, 긴급 상황이 아닌 한 야근 역시 하지 않았다. 점심은 대부분 구내식당에서 먹고, 회식 역시 최소화했다. 그러다 보니 대인관계 폭이 매우 좁았고, 부하 직원들에게 매우 깐깐하다는 인상을 주었다. 반면, 또 다른 팀장은 업무보다는 팀원들과 어울리는 것을 좋아했고 화기애애한 분위기를 만드는 데 탁월한 재능이 있었다. 지각도 자주 하고, 야근도 잦았으며, 회식 역시 자주 했다. 그런 그를 팀원들은 '반장님'이라고 하며 친근하게 대했다.

그렇다면 과연, 두 팀장 중 누가 더 팀원들에게 좋은 평판을 받았을까? 당연히 팀원들과 친근하게 지내는 팀장이 더 좋은 평판을 얻을 것으로 생각한다. 그러나 결과는 정반대였다. 팀원들은 앞서 말한 팀장을 더 좋은 사람이라고 생각했다.

두 사람의 평판을 좌우하는 결정적 차이는 '예측 가능성'에 있었다. '일관성'이 중요한 기준으로 작용한 것이다. 그 때문에 비록 무뚝뚝하긴 해도 예측 가능한 행동 패턴을 일관되게 보이는 팀장은 믿을 만한 사람이라는 느낌을 주었고, 다정다감하지만 오지랖 넓게 온갖 일에 참견하고 기분에 따라 행동하는 팀장은 시간이 갈수록 불편한 사람으로 인식되었다.

예측 가능성이 크다는 것은 높이 평가하는 일, 절대로 용납하지 않는 일, 위임하고 관여하지 않는 일, 특별히 신경 쓰는 일 등에 관한 자기만의 원칙을 확고하게 갖고 있다는 것이다. 그러니 상대방의 행동에 일관된 패턴을 보이며, 지위 고하에 상관없이 불필요한 긴장감이 줄어든다. 반대로 예측 가능성이 낮은 사람은 감정 기복이 심하고 변덕스럽다. 예컨대, 날씨 및 컨디션, 가정사 등에 따라서 기분이 들쭉날쭉하니 그 비위를 맞추는 게 여간 불편하지 않다. 그러다 보니 함께 있으면 피곤하고 긴장되기 일쑤며, 직장생활에 대한 회의감 역시 빨리 찾아온다.

그런 점에서 합리적이며, 일관성 있는 사람이라는 평판을 얻는 것은 매우 중요하다. 남에게 잘 보이기 위해 자신의 모습을 감추고 억지로 행동하면 일관성 있는 행동이 나오기 힘들다. 예측 가능한 사람이 되려면 자기 생각대로 말하고 행동해야 한다. 특히 화내야 할 때와 참아야 할 때의 기준을 명확히 해야 한다. 어떤 부하 직원이 지각했을 때는 화를 내고 다른 직원이 지각했을 때는 모르는 척 넘어가는 일관성 없는 행동은 신뢰를 떨어뜨린다.

### 좋은 평판은 일관성 있는 말과 행동에서 나온다

강의하다가 간혹 그동안 만났던 상사와 동료, 부하 직원에게 하고 싶은 말을 다 쏟아내라고 할 때가 있다. 때로는 안에 있는 것을 쏟아내는 것만으로도 갈등을 해결할 수 있기 때문이다. 그럴 때마다 빠지지 않고 등장하는 말이 있다. 바로 '어디서, 무엇을 하고 있는지 제발 좀 알려 달라.'는 것이다.

"팀장님, 출장이나 교육 가실 때 어디로 가시는지, 언제 오시는지 미리 좀 알려주세요. 점심때가 되어서야 팀장님 오늘 교육 가셨다는 얘기 들으면 정말 황당합니다."

"사랑하는 동기야, 외근 갈 때는 어디로 가서, 언제 돌아올 예정인지 책상에 메모라도 좀 하고 나가라. 위에서 갑자기 너 찾으면 적당히 핑계 대는 것도 한두 번이다. 너 그러다가 회사에서 찍힌다."

"후배님, 한 시간 이상 지각하는 날은 미리 전화라도 좀 하시죠. 늦은 것 뻔히 아는데 몰래 들어와서 안 늦은 척해봐야 다 티 납니다."

학창시절 수업 빼먹고 놀러 가는 땡땡이도 아닌데, 교육이나 출장, 외근하면서 위치와 일정을 밝히지 않는 사람들이 있을까 싶지만, 강의 참석자 대부분은 자기 사무실의 누군가를 떠올리며 "맞아, 맞아"를 외쳤다.

상사와 동료, 후배들에게 좋은 평판을 받고 싶다면 어디서, 무엇을 하고 있으며, 언제 복귀할지 반드시 알려야 한다. 또한, 그렇게 하는 것이 자신에게도 유리하다. 자신의 위치를 정확히 알려줄 수 있는 사람을 지정해놓고 나가면 밖에서도 한결 편안한 마음으로 일을 볼 수 있기 때문이다. 딱히 말할 사람이 없다면 책상 위에 메모라도 남겨야 한다. 자리를 비우는 동안 대신 일을 맡아줄 사람을 구해놓고 가면 더욱 좋다. 자주 가는 곳이라도 어디서, 무엇을 하고 있는지 추측하지 하지 말고 확신하게 해야 한다. 또한, 외출에서 돌아오면 돌아왔다는 사실을 반드시 알려야 하며, 별다른 보고 사항은 없는지 분명하게 얘기한 후 자리에 앉아야 한다. 나아가 상사가 관심을 두는 안건 및 그와 관련이 있는 사람을 만났다면 그 결과를 알기 쉽게 정리해서 전달하는 것이 좋다.

언제 나가는지, 언제 들어오는지 정확히 알리지 않으면 '틈만 나면 밖으로 나도는 사람'으로 평가받을 수 있다. 사무실 안에서건, 밖에서건 시간을 허투루 보내지 않고 열심히 일한다는 것을 모두가 알 수 있도록 처신해야만 회사에서 누릴 수 있는 자유가 더 커진다는 사실을 명심해야 한다.

# 명품일수록
# 설명이 짧다

## 사람을 움직이는 말은 짧고 강하다

새끼 코끼리 한 마리가 시장을 지나가고 있다고 하자. 개구쟁이 새끼 코끼리는 쉴 새 없이 코를 흔들어 진열된 물건을 쓰러뜨리거나 과일 같은 먹을거리를 마구 집어 입으로 가져간다. 만일 당신이 새끼 코끼리 조련사라면 어떻게 하겠는가?

유능한 코끼리 조련사라면 이런 경우 다음과 같은 방법을 쓴다. 주변에서 적당한 크기의 나무 막대기를 하나 찾은 후 그것을 코끼리 코 위에 살짝 얹어 놓는 것이다. 그렇게 하면 제아무리 장난꾸러기 코끼리라도 자기 코에 놓인 막대기를 떨어뜨리지 않기 위해 그것에 집중한 나머지 주변을 돌아보며 장난칠 겨를이 없기 때문이다.

이렇듯 작은 막대기 하나로 사람의 실력이 판가름 나는 때가 있다. 유능하다는 것은 자기 일에 필요한 지식을 적재적소에 놓고 활용할 줄 아는 것이다. 자신을 불편하게 하는 사람이나 일, 상황을 바꾸는 가장 빠르고 효과적인 방법을 잘 알고 있다. 예컨대, 많은 사람의 존경을 받는 종교계 큰 어른들은 단 한마디 말에 자신의 철학을 담아낸다. 특히 오랜 세월 마음을 수련한 큰스님들은 시공을 초월하는 선문답으로 대중의 마음을 사로잡고 묵은 갈증을 씻어준다. 그들이 종교를 떠나 문화계의 큰 어른으로 추앙받는 이유는 바로 그와 같은 깊이와 실력 때문이다.

"평범한 스승은 말해주고, 좋은 스승은 설명해주며, 뛰어난 스승은 시범을 보여주고, 위대한 스승은 영감을 준다."라고 한다. 그 말마따나 우리는 촌철살인을 전수한 스승에게서 영감을 얻고 인생을 배운다. 그러니 진정한 실력을 갖췄다면 구구절절한 설명이 다 무슨 소용이겠는가.

국내 1세대 발레리노이자 국립발레단 수석무용수를 지낸 발레리노 이원국과 그의 스승 김긍수 교수의 이야기는 많은 말이 훌륭한 가르침은 아님을 잘 말해준다.

젊은 시절 큰 대회마다 4위에 그치는 성적을 보이던 제자가 낙담해 눈물 흘릴 때, 김긍수 교수는 제자에게 "다시 시작하면 된다."는 단 한마디만 했다고 한다. 시시하다고 생각할 수도 있지만, 그 한마디는 제자에게 큰 울림을 주었고, 오늘의 그를 만들었다. 만일 그때 김 교수가 미주알고주알 제자의 실력을 평가했다면 과연 어떻게 되었을까. 생각건대, 좋은 성적을 얻지 못해 좌절해 있는 사람에게 그런 말은 제대로 들리지 않았을 것이 틀림없다. 결국, 성적 부진에 대한 상처와 스승의 평가까지 이중의 부담감을 안고 발레리노의 삶을 살아갔을지도 모른다. 그만큼 많은 말은 오히려 상대에게 상처가 될 수 있다.

### 가슴에 불을 지피는 한마디면 충분하다

켄 블랜차드 Ken Blanchard 와 스펜서 존슨 Spencer Johnson 이 함께 쓴 《1분 경영 The New One Minute Manager》을 보면 말을 줄임으로써 얼마나 효과적으로 유능함에 다가갈 수 있는지 잘 보여준다. 두 사람에 따르면, 대부분 관리자는 부하 직원을 질책하는 일에 어려움을 느낀다고 한다. 질책이 오해와 갈등을 불러일으킬까 봐, 혹은 별 효과도 없이 서로 감정만 상하고 관계만 악화 할까 봐 걱정스럽기 때문이다. 그 때문에 긴 질책보다는 가능한 한 짧게 하는 것이 좋다며 1분이면 효과적인 질책이 가능하다고 말한다.

잘못을 발견하면 즉시 현장으로 가서 일단 사실부터 확인한다. 그런 다음 잘못한 사람에게 다가가 똑바로 바라보면서 당신이 어떤 실수를 했 는지 명확히 말해준 후 그 일로 인해서 자신이 느낀 감정을 솔직히 표현 한다(이렇게 하는 데 약 30초가 걸린다). 그리고 상대가 가슴 깊이 새길 수 있도록 몇 초의 여유를 준다. 그동안 경영자는 침묵을 지킨다. 잠시 후 상대를 다시 똑바로 바라보면서 평소에 그가 보여줬던 유능함에 관해 이 야기하고, 지금 화내는 이유가 그만큼 그를 신뢰하고 있기 때문임을 강 조한다.

이렇게 하는 데 필요한 시간은 고작 1분 남짓이다. 그 짧은 시간 동안 잘못에 대한 질책과 잘못한 점에 대해 명확히 알리고, 책임 인식시키기, 인격이 아닌 행동 나무라기, 일관성 유지하기라는 네 가지 '질책의 원칙'이 실행으로 옮겨진 셈이다.

사람뿐 아니라 물건 역시 마찬가지다. 명품일수록 상품 설명이 짧다. 브랜드 로고만으로도 이미 많은 것을 설명하고 있으므로 굳이 기능과 디자인, 경쟁상품과의 차별 포인트 등 여러 가지를 설명해야 할 이유가 없기 때문이다. 이미 그 모든 것을 충분히 담아내고 있는 로고 하나만 보여주면 그만이다.

혹시 어느 순간 갑자기 말이 많아지는 때가 있는가? 그렇다면 스스로 말이 많아지고 있음을 자각한 순간은 십중팔구 당신이 원하지 않는 일이 벌어지고 있거나 벌어지기 직전일 것이다. 협상과 토론, 설득, 강의 중 핵심을 놓치게 되면 말이 많아진다는 연구 결과가 있다. 실제보다 더 멋지게 표현하고 싶은 욕망에 사로잡힐 때 및 거짓말과 변명, 해명해야 하는 때, 누군가에게 잘 보이고 싶을 때, 잘 모르는 것을 아는 척해야 할 때도 마찬가지다.

나이 어린 사람 앞에서 어른 행세를 할 때도 말이 많아진다. 가르쳐야 한다는 목표에만 집중하다 보면 상대를 다그치고, 몰아가며, 폭포처럼 말이 쏟아져 나오기 때문이다. 자신의 나약함과 모자람을 감추고 과장하려다 보니 말이 많아지는 것이다. 마치 적을 만난 복어가 자신의 몸을 한껏 부풀려 보이는 것처럼 말이다.

## 지나치게 많은 말은 실력과 매력을 반감시킨다

중언부언하거나 횡설수설할수록 핵심을 놓칠 확률이 높다. 상대 역시 이를 잘 안다. 설령, 그것이 잘 보이고 싶은 관심과 호감의 표현이어도 말이다. 이미 설명한 내용을 반복해서 말하지 마라. 상대는 당신이 자기를 믿지 못해서 그런 것이라고 생각한다. 그것이 노하우를 전수하는 방법이라도 말이다. 너무 많은 근거, 논리, 사례, 경험을 나열하는 것 역시 삼가야 한다. 그럴수록 아집과 허세만 드러날 뿐이다. 설령, 그것이 상대에게 인정받고 싶은 간절한 열망에서 비롯된 것이라도 말이다.

이렇듯 말이 길어질수록 그 결과는 본래의 의도와는 한참 멀어진다.

"좋은 교사는 잘 가르치고, 훌륭한 교사는 스스로 해 보이지만, 위대한 교사는 가슴에 불을 지핀다."

우리 가슴에 불을 지피는 말은 가슴을 파고드는 강력한 한마디다.

수많은 명언을 남긴 영국 정치가 윈스턴 처칠은 명성만큼이나 유명한 일화를 많이 남겼다. 유머가 담긴 강렬하고 효과적인 그의 말은 지금까지도 많은 사람의 입에 오르내리며 그의 존재감을 확인시키고 있다.

수천 페이지짜리 보고서를 제출한 장관에게 그는 "시간이 없었나 보군."이라는 한마디로 질책을 대신했으며, 옥스퍼드대학 졸업식장에서는 "절대로, 절대로 포기하지 마라!"라는 한마디로 연설을 대신했다.

짧은 말이라도 핵심을 담고 있다면 그 말은 곧 그 사람의 모든 것을 표현할뿐더러 다른 사람을 움직이는 촉발제가 된다.

당신을 표현하는 결정적인 한마디는 과연 무엇인가? 또한, 상대를 움직이게 하는 강력한 한마디를 당신은 알고 있는가? 긴 문장으로 당신을 설명하지 마라. 지나치게 많은 말은 오히려 당신을 그 안에 가둬 당신의 진정한 실력과 매력을 반감시킨다. 그렇게 되면 상대 역시 그 말 속에서 길을 잃고 당신에게 더는 다가갈 수 없다.

# 입이 아닌
# 두 귀를 열어라

### 상대의 말에 귀 기울이지 않는 사람들

상대의 말에 가장 귀 기울이지 않는 사람들은 과연 누구일까. 학자들의 연구에 의하면, 검은 머리 파뿌리 될 때까지 평생 함께하기로 맹세한 '부부'가 서로의 말을 가장 듣지 않는다고 한다. 최악의 경청으로 꼽는 부부 사이의 듣기를 '배우자 경청Spouse Listening'이라고 하는데, 이는 가장 수준 낮은 경청을 가리킨다. 즉, 수동적인 경청보다 한 단계 더 나아가 말을 아예 듣지 않거나 말하는 중간에 끼어들어 말을 끊는 것을 말한다.

영화배우 송강호가 출연했던 한 기업 광고는 배우자 경청의 단면을 명확하게 보여준다.

아내가 소파에 누워 있는 남편을 부른다.

"여보, 빨래 좀 개 줘요."

그러자 남편이 부스스 일어나서 빨래를 개[^]에게 던진다. 잠시 후 아내가 또 남편을 향해 말한다.

"여보, 청소기 좀 돌려줘요."

남편은 여전히 그 자리에 누워 꼼짝하지 않은 채 맷돌 손잡이 돌리듯 청소기 손잡이만 제자리에서 빙글빙글 돌린다.

나 역시 한 귀로 듣고 한 귀로 흘려버리는 남편 때문에 답답함을 느꼈던 적이 한두 번이 아닌 까닭에 그 광고에 크게 공감했던 기억이 난다.

부부는 다분히 습관적으로 서로에게 귀를 기울이지 않는 경향이 있다. 하지만 직장이라면 이야기가 180도 달라진다. 의도적으로 남의 말을 무시하는 사람이 되거나 이해력이 부족한 사람으로 낙인찍힐 수 있기 때문이다. 특히 직장생활을 하다 보면 들어도 들리지 않고, 들은 대로 했는데도 그 의미가 통하지 않을 때가 있다. 이는 비록 듣기는 했지만 이해하지 못한 채 행하는 데만 급급했기 때문이다.

### 말하는 사람의 의도와 감정을 읽어라

갓 입사한 신입사원이 30분 지각했다고 하자. 크게 화 난 부장이 신입사원을 향해 "지금 몇 시야?"라고 하자, 당황한 신입사원은 재빨리 시계를 보며 "지금 9시 30분입니다."라고 했다.

만일 이 대화가 자연스럽다고 생각하는 사람이 있다면 그는 말하는 사람의 의도나 감정에 대한 이해가 전혀 없다고 할 수 있다. 신입사원의 지각에 화 난 부장이 시각이 궁금해서 물었을 리 없기 때문이다. 30분 늦은 것을 질책하기 위해 시각을 물어봤을 뿐이다. 부장은 "죄송합니다! 다음부터는 절대 지각하지 않겠습니다."라는 대답을 기대했을 것이다. 말하는 사람의 의도와 감정을 읽을 줄 아는 사람은 그렇게 상식적인 답을 하게 되어 있다. 그런데 신입사원이 지각한 것도 모자라서 부장이 화가 나 있다는 사실을 이해하지 못하고 들리는 대로만 듣는다면 앞서 신입사원처럼 엉뚱한 대답으로 부장의 더 큰 분노를 유발할 수 있다.

대부분은 '과연 이런 사람이 있을까.' 싶을 것이다. 하지만 사회생활을 하다 보면 정도의 차이만 있을 뿐 말의 맥락을 제대로 이해하지 못해 화를 자초하는 일이 심심찮게 일어난다. 예컨대, 회의 중에 팀원의 의견이 나뉘어 팽팽하게 대립하고 있는 안건에 관해 팀장이 이렇게 이야기했다고 하자.

"잘 알겠습니다. 그럼 그 얘기는 여기까지 하고 다음 안건으로 넘어갑시다."

회의 시간이 길어지고 있으니 결정하기 쉬운 일부터 먼저 처리하자는 뜻이다. 그런데 유독 한 사람이 고집을 부린다.

"팀장님, 잘 알겠다고 하셨지만, 제가 보기에는 아직 정확히 이해하지 못하신 것 같습니다. 다음 안건으로 넘어가기 전에 부족했던 부분에 대해서 제가 보충 설명하겠습니다."

이렇게 눈치 없는 행동을 보이는 사람이 간혹 있다. 그렇다면 그들은 왜 제대로 듣지 못하는 것일까.

## 다른 사람의 말을 경청하지 못하는 두 가지 이유

돌이켜 보면, 우리는 지금껏 듣기 훈련을 제대로 받은 적이 없다. 말하기, 읽기, 쓰기와 비교해서 듣기에 공들인 시간은 매우 짧다. 더욱이 시험용 듣기평가 외에는 의식적으로 듣기를 공부한 적이 거의 없다. 전문 통역사, 속기사, 코치와 같이 전문적인 경청 스킬을 요구받는 직업 외에는 듣기 훈련을 받을 기회가 거의 없기 때문이다.

우리 뇌는 말하기와 듣기 과정을 처리하는 속도가 확연히 다르다. 우리는 1분에 약 135~175개의 단어를 말할 수 있는 반면, 듣기는 1분에 약 400~500개의 단어를 인식할 수 있다고 한다. 말하기와 듣기 사이에 약 3배 정도의 속도 차이가 있는 셈이다. 그러다 보니 상대의 말을 아무리 귀 기울여 열심히 듣는다고 해도 시간이 남는다. 그리고 이 남는 부분은 서서히 다른 생각들로 채워진다. 다른 생각이 꼬리에 꼬리를 물고 이어지다 보면 결국 상대의 말은 들리지 않고 다른 생각으로 가득 채워지게 된다. 그 결과, 듣기는 했지만, 공감하지 못한다. 경청이 어려운 이유는 바로 그 때문이다.

경청을 방해하는 또 하나의 이유는 상대가 하는 말을 이미 다 알고 있다고 생각하기 때문이다. 이미 여러 번 들어서 귀에 못이 박일 지경이니 또 들을 필요가 없다고 생각하는 것이다. 나이가 들면서 지식과 경험이 쌓일수록 상대의 이야기를 더 못 듣게 되는 이유, 더 안 듣게 되는 이유 역시 바로 그 때문이다. 그러다 보니 상대의 말을 자신이 이해할 수 있는 범위 내에서 걸러서 듣게 된다. 즉, 듣는 귀에 '아집'이 생기는 것이다. 이런 상황에서 상대가 말하지 않은 부분 및 그 감정과 의도를 헤아리면서까지 경청하는 일이 가능할 리 없다.

### 조용한 리더들의 힘, 경청

'잘 듣는 것'만으로도 사람의 마음을 얻을 수 있다. 그래서 나는 강의 때마다 참가자들에게 경청 연습을 하도록 한다. 예컨대, 10분 동안 한 사람은 말하고 한 사람은 최선을 다해 듣도록 하는 것이다. 10분 동안 무슨 변화가 있을까 의아해할 수도 있지만, 불과 10분 만에 놀라운 감정 변화를 체험했다는 사람이 의외로 많다. 처음 만나는 사람이 10분 동안 자신의 이야기에 귀 기울이고 열심히 들어주는 모습을 보면서 그에 대한 신뢰가 생기고 그를 또 만나고 싶어진다는 것이다. 심지어 그와 더 깊은 이야기를 하고 싶고, 그의 이야기를 듣고 싶어진다고 했다. 자신이 인정받는 듯한 느낌이 들고 위로가 되기 때문이다.

사실 다른 사람의 이야기를 10분 동안 경청하기란 여간 어려운 일이 아니다. 듣는 사람의 호기심에서 비롯된 질문과 비판, 판단, 분석 없이 그저 공감하고 이해하기 위해 눈을 마주치고 고개를 끄덕이며, 무언의 지지를 표현하면서 상대의 이야기 흐름을 따라간다는 게 절대 쉽지 않기 때문이다. 생각해보라. 누군가가 내 이야기를 어떤 질문도, 판단도, 비난도 없이 온전히 긍정하면서 10분 이상 들어준 적이 있는지. 대부분 "그래서 네가 하고 싶은 말이 뭔데?"라고 되묻기 일쑤다. 그래서인지 10분 동안 경청하고 나면 참가자들의 눈가가 촉촉해지곤 한다. 그런 점에서 조용하게 인정받고 싶은 사람에게 가장 필요한 커뮤니케이션 기술이 바로 경청이 아닐까 싶다.

나서기보다는 숨은 조력자가 되기를 좋아하고, 말하기보다는 듣기를 좋아하는 사람일수록 자신도 모르는 사이에 경청의 힘을 쌓아 왔을 가능성이 크다. 소리 없이 리더 자리에 오르는 이들은 대부분 그런 능력을 충분히 발휘한 사람들이다. 그러니 자신이 소극적이라고 생각한다면, 나서기보다는 조력자가 되고 싶다면, 말할 때보다 남의 말을 듣고 있을 때 더 편안함을 느낀다면, 지금보다 더 적극적으로 들어야 한다.

# '너'와 '나'를 '우리'로 만들면
# 설득이 훨씬 쉬워진다

### 상대의 상상력에 날개가 돋게 하는 설득의 기술

누군가를 설득해서 그가 원하는 행동을 끌어내고 싶은가? 누군가에게 동기부여를 하고 싶은가? 그렇다면 다음 두 가지를 명심하라.

먼저, 상대가 이해할 수 있는 가장 쉬운 단어로 실현 가능한 목표를 이야기하라. 어려운 단어나 실현 불가능한 목표로는 상대를 자극할 수 없다. 예컨대, 출판사 기획자가 첫 만남에서부터 "소극적이고 내성적인 사람들이 성공할 수 있는 노하우를 담은 책을 한 번 써 보시죠."라고 제안한다면, 대부분 사람은 적지 않은 부담감과 책임감에 포기하고 말 것이다. 해박한 지식과 화려한 경력, 획기적인 아이디어를 자랑할수록 상대는 현학적 허세에 경계심을 갖는다. 그러니 가장 쉽고, 평범한 단어를 활용해서 조금만 노력해도 달성할 수 있는 목표를 말해야 한다. 그렇게 시작해야만 노하우가 집대성된 책도 나올 수 있다.

또한, 상대방 처지에서 와 닿을 만한 사례나 비유를 적극적으로 활용해야 한다. 추상적인 내용과 개념어만 둥둥 떠다니는 문장만으로는 충분히 설명했다고 할 수 없다. 그런 말로는 상대를 설득할 수 없기 때문이다. 상대를 설득하려면 상대의 능력과 욕구, 가치관, 선호도 등을 파악해서 구체적인 사례나 비유를 들어가며 말해야 한다. 그러는 동안 상대의 상상력에는 날개가 돋는다. 당신이 말하는 사례와 비유가 상대 안에 숨겨져 있던 비상하고자 하는 욕구를 촉발하기 때문이다. 그 욕구의 날개가 일단 펴지기만 하면 당신과 상대는 하나의 목표를 향해 매우 빠른 속도로 질주할 수 있다. 그렇게 되면 당신과 상대는 하나의 목표, 공유된 목표를 가진 '한 팀'이 된다. '너와 나'에서 '우리'가 되는 것이다.

### 동기부여를 통해 스스로 설득하게 하라

설득이라는 단어는 협상 전문가들이나 사용할 법한 냄새를 풍긴다. 그 때문에 매우 어렵다는 느낌이 강하다. 하지만 사람은 누구나 누군가를 설득하고 싶은 간절한 욕망이 있다. 누군가에게 영향력을 행사하고 싶기 때문이다. 그만큼 설득이라는 단어는 매력적이다.

심리 마케팅 분야 권위자인 로버트 치알디니<sup>Robert B. Cialdini</sup>의 《설득의 심리학<sup>Influence : The Psychology of Persuasion</sup>》을 읽은 한 독자는 "나만 알고 있게 이 책이 빨리 절판되었으면 좋겠다."라고 말한 바 있다. 설득의 기술이란 그렇게 남들은 모르고 혼자만 은밀히 알고 싶을 만큼 유혹적이다. 그 때문에 그것을 내 것으로 만들기에는 너무 전문적이고 어렵다고 생각하는 사람이 많다. 하지만 누군가를 설득하는 일은 생각만큼 어렵지 않다. 출판사 기획자가 거절하는 저자를 설득해서 책을 쓰게 하는 것처럼, 상대가 어떤 경험과 생각을 하고 있는지 정확하게 파악한 후 그 부분만 건드려 주면 되기 때문이다. 그렇게만 하면 그때부터는 상대가 자기 스스로 설득하게 되어 있다. 또한, 그 기술이란 것 역시 의외로 간단해서 쉬운 단어로 예를 들어가며 설명하기만 하면 된다.

# 위로 올라갈수록
# 직장생활은 외롭다

### 듣기 좋은 소리만 하는 부하 직원이라도 옆에 두는 이유

"지금 외롭습니까?"

강의 중 가끔 이렇게 묻곤 한다. 그러면 어떤 이들은 즉각적으로 반응하며 큰 소리로 웃는다. 질문 자체가 난센스라고 생각하기 때문이다. 중요한 것은 그들 대부분이 신입사원이라는 것이다. 직급이 높을수록 이질문에 대한 반응 속도는 느리다. 마치 감추고 싶은 은밀한 비밀을 들키기라도 한듯, 혹은 자기 자신도 미처 모르고 있던 아픔을 건드리기라도한듯 당황해하기 일쑤다. 더러는 멍멍한 표정으로 고개를 끄덕이며 긴한숨을 내쉬는 이들도 있다.

위로 올라갈수록 직장생활은 외롭다. 이는 삶의 희로애락을 적절히 표현하고 나눌 방법이 없기 때문이다. 특히 피라미드형 조직일수록 위로 올라가면 함께 고민을 나눌 동료 수가 급격히 줄어드는 반면 역할과 책임은 더욱 무거워진다. 그런데 그 마음을 속시원하게 털어놓을 상대가 없다 보니, 듣기 좋은 소리만 하는 부하 직원의 말이 아부인 줄 알면서도 가까이 두고 위안을 얻으려고 한다. 그렇게라도 해야만 고된 직장생활을 버틸 수 있기 때문이다. 과연 그런 사람들에게 가장 필요한 것은 뭘까. 바로 '칭찬'이다. 칭찬이야말로 외로움을 이기는 가장 강력한 해독제이기 때문이다.

### 진심이 담긴 칭찬보다 더 좋은 선물은 없다

흔히 상사에게 하는 좋은 소리는 무조건 아부라고 생각해서 칭찬을 꺼리는 사람이 많다. 하지만 상사 역시 칭찬과 격려가 필요한 건 마찬가지다. 단, 거기에는 진심이 담겨 있어야 한다.

진심이 담긴 칭찬은 받는 사람은 물론 하는 사람까지 기분 좋게 한다. 그렇다면 칭찬과 아부는 과연 무엇이 다를까. 누군가를 칭찬했을 때 칭찬받는 사람과 곁에 있는 사람들 모두가 수긍하면 그것은 칭찬이다. 하지만 말하는 사람과 상대방, 즉 두 사람만 만족하고 즐거울 뿐, 주변 사람들은 동의하지 않으면 그것은 칭찬이 아닌 아부에 가깝다. 또한, 칭찬은 사람이 아닌 그 사람이 보여준 구체적인 행동을 대상으로 한다. 예컨대, 다음과 같은 식이다.

"김 대리, 담당 업무가 아닌데도 열심히 도와줘서 감동했어."

"김 대리, 오늘 발표는 핵심이 분명하게 전달되어서 매우 좋았어."

적절한 칭찬은 서로의 관계와 조직의 막힌 곳을 시원하게 뚫어주는 효과가 있다. 하지만 아부는 특정한 소리에만 반응하는 '파블로프의 개'처럼 과장된 피드백을 반사적이고 반복적으로 하게 한다. 그 사람의 행동이 아닌 그의 존재 자체가 아부 대상이 되기 때문이다.

상사건, 동료건, 부하 직원이건 칭찬할 만한 행동을 보이면 즉각적으로 칭찬하라. 단, 주의해야 할 점이 있다. 외모에 대한 칭찬은 삼가야 한다는 것이다. 흔히 칭찬하라고 하면 외모에 대한 칭찬을 많이 한다. 비록 상대에 대해서 잘 모르더라도 외모를 칭찬하는 것은 그리 어렵지 않기 때문이다. 그러나 여러 사람이 함께 있는 자리에서 한두 사람에게 "무척 동안이시네요.", "헤어스타일이 매우 세련되어 보여요." 등의 말을 하게 되면 얻는 것보다 잃는 게 더 많을 수 있다. 옆에 있는 사람이 기분 나쁠 수도 있기 때문이다. 큰마음 먹고 준비한 칭찬이 그런 오해를 산다면 억울하기 그지없다. 그러므로 외모에 대한 칭찬은 가능한 한 자제하되, 굳이 꼭 해야 한다면 둘이 있을 때만 하는 것이 좋다.

상대가 가진 가장 멋진 부분을 찾아서 칭찬하는 것이야말로 최고의 선물이자 최고의 칭찬이다. 그러니 누군가의 마음을 얻고 싶다면 자신의 좋은 점을 보여주기 위해 애쓰기보다 그의 좋은 점을 칭찬해주는 것이 좋다. 이와 관련 해서 영국 수상이자 소설가였던 벤저민 디즈레일리 Benjamin Disraeli는 이렇게 말한 바 있다.

"우리가 다른 사람에게 할 수 있는 가장 좋은 일은 재물을 나눠주는 것이 아니라 그에게 그 자신이 가진 것을 일깨워주는 것이다."

# 감옥 같은 직장을
# 천국으로 바꾸는 법

### 성공을 부르는 주문, 피그말리온 효과

하버드대학 사회심리학과 로버트 로젠탈<sup>Robert Rosenthal</sup> 교수와 20년 이상 초등학교 교장을 지낸 레노어 제이콥슨<sup>Lenore F. Jacobson</sup>은 샌프란시스코의 한 초등학교 학생들을 대상으로 지능 검사를 했다. 그리고 검사 결과와 상관없이 한 반에서 무작위로 20% 학생을 뽑아 새로 담임을 맡은 교사에게 '지적 능력이나 학업 성취 능력이 높은 학생'이라고 알려주었다. 그리고 8개월 후 똑같은 학생들을 대상으로 지능 검사를 다시 한 결과, 매우 놀라운 사실이 드러났다. 무작위로 뽑았던 20% 학생들의 지능이 다른 학생들의 평균보다 훨씬 높게 나왔을 뿐만 아니라 성적 역시 크게 향상했기 때문이다. 명단에 포함되어 있던 학생들에 대한 교사의 기대와 격려가 그와 같은 놀라운 변화를 가져온 것이다.

이처럼 타인의 기대나 관심으로 인해 능률이 오르고 결과가 좋아지는 현상을 '피그말리온 효과Pygmalion Effect'라고 한다. 그 때문에 교육 현장에서뿐만 아니라 조직을 이끌어가는 리더십 분야에서도 종종 인용된다.

## 칭찬과 격려, 위로가 일으키는 기적

성공한 사람을 보면 그들에게 큰 영향을 끼친 인물이 반드시 있다. 그리고 그들에게 영향을 끼친 공통적인 방법이 있는데, 그것이 바로 피그말리온 효과이다. 예컨대, 목소리 하나로 전 세계인을 감동하게 한 세계 3대 테너 중 한 명인 루치아노 파바로티Luciano Pavarotti에게는 아리고 폴라Arrigo Pola라는 스승이 있었다. 오페라 가수가 되고 싶었지만, 넉넉하지 않은 형편의 파바로티에게 음악 수업료는 너무 비쌌다. 하지만 당시 유명 가수였던 폴라는 그의 재능을 단번에 알아보고 그의 스승이 되기를 자처했다. 그런 점에서 그가 없었다면 우리가 아는 파바로티는 없을지도 모른다.

헬렌 켈러Helen Keller에게도 앤 설리번Anne Sullivan이라는 스승이 있었다. 장애가 있는 고집 센 아이 헬렌 켈러는 설리번의 격려와 칭찬을 통해 세상을 배웠고, 결국, 세상에 자신의 이름을 남겼다. 학교에서 항상 꼴찌를 도맡았던 스티븐 스필버그Steven Spielberg 역시 마찬가지다. 그의 재능을 인정하고 용기를 준 아버지와 가족이 없었다면 그는 세계적인 명장이 될 수 없었을 것이다. 아버지가 준 8mm 카메라로 찍은 3분짜리 공룡 영화에 그의 가족은 환호했고, 그때부터 스필버그의 영화 인생이 시작되었다.

### '나'와 '너만' 있고 '우리'가 없을 때 우리 삶은 감옥으로 변한다

우리 삶에도 크고 작은 피그말리온 효과가 있다.

"널 믿어. 너라면 해낼 수 있을 거야."

"자네라면 충분히 믿고 맡길 수 있어."

이와 같은 칭찬과 격려, 그리고 위로가 담긴 한마디가 우리를 움직이게 했던 때를 떠올려보라. 좌절과 시련에서 벗어나고자 할 때, 권태로운 일상에 변화가 필요할 때, 두려움과 공포에 사로잡혀 있을 때, 소심하고 우울한 나날이 지속될 때, 그 어둡고 긴 터널에서 벗어날 수 있는 가장 효과적인 방법은 성공을 부르는 주문, 피그말리온 효과를 체험하는 것이다.

인정과 칭찬, 기대와 관심이 담긴 말을 오랫동안 듣지 못하면 우리는 정신적인 마라스무스<sup>Marasmus</sup> 증상으로 고통받게 된다. 마라스무스 병은 일종의 영양 결핍증으로 세포 분열, 단백질 합성, 성장 등이 모두 억제되어 신체적인 왜소증이 나타나지만, 정신장애는 없는 질병이다. 이 희한하고 치명적인 병은 2차 세계대전 중에 보육원 아이들 사이에서 처음 발견되었다. 아이들은 양호한 보호시설에서 자랐지만 빠른 속도로 쇠약해져 갔다. 그 결과, 갈수록 허약하고 둔해졌으며, 기운을 잃음과 동시에 죽는 아이까지 생겼다. 이에 유엔 소속 의사들이 급파되어 아이들을 진찰했는데 간단한 처방만으로도 아이들 모두가 완치되었다.

그들이 내린 처방은 아주 간단했다. 시간마다 10분씩 아이들을 안아 주고, 입 맞춰 주며, 같이 놀아주고, 말을 걸어주는 것이 전부였다. 한마디로 아이들에게 사랑받고 있음을 확인시켜주는 것이 전부였다.

누구에게서도 기대와 격려를 받지 못하는 날이 지속된다면 우리는 자기 자신을 실제보다 과소평가하는 정신적, 심리적 왜소증에 시달릴 수 있다. 이 치명적인 증상을 예방하고 완화할 수 있는 것은 기대와 격려, 위로뿐이다.

'밀림의 성자'로 유명한 인도주의자 알베르트 슈바이처^Albert Schweitzer 는 다음과 같은 말을 남겼다.

"인생의 비극은 실제로 죽는다는 데 있는 것이 아니라 우리 안에서 감정과 열정, 공감 등이 죽는다는 데 있다."

나는 이 말을 이렇게 바꾸고 싶다.

"직장이 지옥처럼 느껴지는 것은 잦은 야근과 무능한 상사, 지나친 경쟁, 부족한 보상 때문만이 아니다. '나'와 '너'만 있고 지지와 격려, 인정과 칭찬을 나누는 '우리'가 없을 때 직장은 감옥으로 변한다."

기대와 격려, 칭찬의 말을 서로에게 건네 보자. 대수롭지 않은 말 한마디가 상대의 가슴에 날아가 꽂히는 순간, 지금보다는 훨씬 더 살맛 나는 가정, 직장이 될 것이다.

# 듣고 싶은
# 말 한마디의 힘

**진정한 위로란 처방이 아닌 공감하는 것**

50대 여성이 전신 통증과 무기력증을 호소했다. 손가락 하나 움직이기 힘들 정도로 기운이 없어 일이고, 가족이고, 만사가 귀찮다고 했다. 그녀의 불평불만을 매일 들어야 했던 가족들은 그녀의 병을 '갱년기 우울증'이라고 결론지었다. 물론 가족들도 그녀가 처음 증상을 호소했을 때는 무슨 큰 병이라도 걸린 게 아니냐며 크게 걱정했다. 그런데 막상 검진 결과, '아무 이상 없다.'라는 말을 듣자, 병명도 없이 늘 통증을 호소하는 그녀에 대해 걱정보다는 귀찮은 마음이 앞섰다. 그러다 보니 이제는 그녀가 아무리 통증을 호소해도 퉁명스럽게 대꾸할 뿐이다.

"나이 들면 다 그래. 그러니까 세 끼 꼬박꼬박 먹고 열심히 운동하면서 규칙적인 생활을 해봐. 운동이 최고라잖아. 나이 오십 될 때까지 숨쉬기

운동만 하고 살았으니, 이제부터라도 매일 등산, 에어로빅, 수영 같은 걸 좀 해보는 게 어때? 매일 아프다며 누워 있지만 말고."

그녀는 가족들의 그런 반응에 몹시 서운함을 느꼈다. 아니, 서운한 정도가 아니라 배신감과 분노까지 치밀어 올랐다. 그동안 해왔던 집안일을 대신 도맡아 해달라는 것도 아니고, 병원에 같이 가 달라는 것도 아닌데, 그녀가 말도 꺼내기 전에 "운동이나 해!"라며 쐐기를 박는 가족들에게 더는 어떤 위로도 받을 수 없었기 때문이다.

갱년기 우울증이라는 진단이 그녀와 가족을 괴롭히는 나날이 계속되던 어느 날, 그녀의 친구가 유명한 한의원을 소개해주었다. 역시 유명한 한의원은 뭐가 달라도 달랐다. 원장의 말 한마디가 누구도 치유하지 못했던 그녀의 증세를 급격히 호전하게 했기 때문이다. 사실 특별한 비법이랄 것도 없었다. 그녀의 마음을 읽고, 그녀가 듣고 싶어 하는 말 한마디를 해줬을 뿐이다.

"지금은 운동도 독이 되니 조심하세요."

이 한마디가 그녀에게는 가장 필요한 위로이자 약이었다. 평생 운동과 상관없이 살아온 그녀가 혼자서 등산화나 운동복을 챙겨 입고 집을 나선다는 게 생각처럼 쉬운 일은 아니었다. 그 때문에 "운동해야 한다."는 가족의 조언을 이성적으로야 받아들일 수 있었지만, 그녀의 몸과 마음은 쉽게 움직이지 않았다. 그러다 보니 그녀를 위로하기 위해 시작했던 가족의 운동 권유가 그녀에게는 또 하나의 스트레스가 되었다. 그럴 때 "기혈의 순환이 원활하지 않아 몹시 쇠약한 상태라서 갑작스러운 운동도 몸에 큰 무리가 될 수 있으니, 심하게 움직이지 말고 잘 먹고 잘 쉬면서 편한 마음으로 지내라."라는 한의사의 처방은 큰 위로가 되었다.

### 위로의 핵심은 '말하기 전에 상대가 스스로 알아서 하는 것'

위로란 '상대의 처지에 깊이 공감하고, 상대의 상황이나 감정, 욕구를 정확히 파악해 원하는 말이나 행동을 하는 것'이다. 위로받고 싶은 사람은 내가 지금 어떠어떠한 말로 위로받고 싶으니 그런 말과 행동을 해달라고 절대 표현하지 않는다. 그런 점에서 위로의 핵심은 내가 말하기 전에 상대가 스스로 알아서 하는 데 있다. 자기가 먼저 현재의 문제나 상황을 설명한 후 그에 대한 전문가의 대답을 듣는 것을 우리는 위로라고 하지 않고 상담이나 처방, 진단이라고 한다. 상담, 처방, 진단은 의학적이고, 객관적이며, 논리적이다. 그러나 위로는 편파적이고, 비상식적이며, 비논리적이고, 비이성적이다.

위로받고 싶은 마음은 '나를 좀 봐 달라.', '내 상황과 처지를 이해해 달라.', '내 감정에 공감해 달라.'는 것이다. 이런 욕구에 전문가도 아닌 우리가 굳이 처방하거나 진단할 필요는 없다. 아니, 정답을 줘서는 안 된다. 위로받고 싶은 사람 역시 그 정도의 뻔한 해답은 이미 알고 있기 때문이다. 그때는 '그랬구나!'라는 공감이 가장 필요하다.

가끔 누군가를 위로해야 할 때가 있다. 그럴 때 상대는 '내 편이 되어 달라.'며 우리에게 신호를 보낸다. 그때 어떤 위로를 해야 하는지, 뭐라고 해야 하는지 모르겠다고 해서 절망하지 마라. 해 줄 조언이 없다고

'못 들은 척', '못 본 척'해서도 안 된다. 위로가 필요하다는 신호가 감지되면 즉시 그에게 다가가라. 그리고 그의 말을 들어줘라. 아무 말 없이 그저 잠시 곁에 있는 것만으로도 상대는 충분히 위로받는다는 느낌을 받는다.

약이 되는 위로란, 답을 대신 찾아주는 것이 아니다. 귀 기울여 말을 들어주고, 불안과 괴로움, 걱정을 고민으로 인정해주며 "이해해", "그럴 수 있어"라는 말만으로도 충분하다. 같은 곳을 바라보는 한편임을 알 수 있도록 해주는 것만으로도 상대는 큰 위로를 받는다.

# 신뢰를 키우고,
# 진심을 전하는 사과의 기술

## '미안해'라는 말만 잘해도 인생이 바뀐다

우리나라 사람이라면 누구나 알 것이다. '미안해'라는 말을 한다는 것이 얼마나 어려운지. 그러다 보니 대부분 '미안해'라고 해야 하는 데도 그 한마디를 하지 못해 머뭇거리다가 결정적인 순간을 놓치고 후회한 경험이 한두 번쯤 있다. 이와 관련해서 정신의학자이자 미국 매사추세츠 의대 학장을 지낸 아론 라자르 Aaron Lazare 는 이렇게 말한 바 있다.

"사람들은 사과를 나약함의 상징으로 보는 경향이 있다. 하지만 사과를 하려면 큰 용기가 필요하다."

이는 무능하고 나약한 사람이 아닌 용기 있는 사람만이 사과할 수 있다는 얘기다. 그 때문에 누군가의 진심 어린 사과를 받은 사람은 그 사람이 잘못했을 때의 불쾌감보다는 사과받았을 때의 감동을 더 오래 기억한다.

《쿨하게 사과하라》는 책을 보면 미국 전 대통령 버락 오바마<sup>Barack Obama</sup>가 한 여기자에게 실수했던 이야기가 나온다.

2008년 3월, 당시 민주당 대선후보였던 오바마는 자동차 산업 노동자들을 어떻게 도울 생각이냐는 한 여기자의 질문에 "잠시만 기다리세요, 스위티<sup>Sweetie</sup>!"라며 즉답을 피했다. 결국, 여기자는 그날 아무런 답변도 듣지 못했다. 하지만 더 큰 문제가 있었다. '스위티'라는 표현이 바로 그것으로, 공식적인 자리에서 여기자에게 쓸 수 있는 적절한 표현이 아니었기 때문이다. 자칫 성희롱으로까지 비화할 수 있는 심각한 문제로 오바마에게는 절체절명의 위기였다. 하지만 당사자인 오바마는 그것을 부인하지도, 모른 척하지도 않았다. 그는 여기자에게 직접 전화를 걸어 다음과 같은 음성 메시지를 남기며 진심으로 사과했다.

"먼저, 나중에 대답하겠다고 한 약속을 지키지 못해서 미안하며, 스위티라는 표현은 저의 잘못된 말 습관일 뿐 당신을 무시해서가 절대 아니니 오해하지 않았으면 합니다."

사실 유명 정치인이 자신의 잘못을 사과하기 위해 기자에게 직접 전화한 것은 미국에서도 매우 이례적인 일이었다. 하지만 오바마는 자신이 무엇을 잘못했는지 정확히 알았고, 추후 어떤 조치를 할 것인지에 대해 매우 구체적으로 말하며 좋은 사과의 예를 보여주었다. 결국, 그의 신속한 사과는 일이 더 커지지 않도록 했고, 그의 정치적 신뢰 역시 유지할 수 있었다.

　권위 있는 리더의 사과만이 감동을 주는 것은 아니다.《쿨하게 사과하라》를 보면 진심 어린 사과와 행동이 일상에서 우리가 저지른 잘못을 얼마나 긍정적으로 해결해주는지 잘 보여준다.


　K씨는 특별한 자리에만 입고 가는 고급 셔츠 두 벌을 각각 다른 세탁소에 맡겼다. 그런데 그만 세탁 도중 셔츠에 잉크가 묻어 더는 입을 수 없게 되었다. 그러자 한 세탁소 주인은 그에게 직접 전화를 해서 "똑같은 옷을 주문했는데, 옷에 약간 하자가 있습니다. 직접 입어보고 마음에 들지 않으시면 현금으로 보상해 드리겠습니다. 정말 죄송합니다."라고 했지만, 또 다른 세탁소 주인은 아무런 말이 없었다가, 그가 옷을 찾으러 가자 "옷을 분실한 것 같습니다. 옷값을 알려주시면 보상하겠습니다."라고 했다.


　만일 당신이 그런 일을 당했다면 두 세탁소 중 어느 곳을 단골로 삼겠는가.

　나는 지금까지 '미안해'라는 말을 잘해서 손해 봤다는 사람을 본 적이 없다. 오히려 가까운 사람들에게 '미안해'라는 말을 한 후 인생이 달라졌다는 이야기를 적잖이 들었다.

　이렇듯 '미안해'라는 말만 잘해도 부모와 자녀 사이가 더욱 친밀해지고, 부부간에 애정이 더 깊어지며, 상사와 부하 직원 사이에 두터운 신뢰가 생긴다. 물론 그렇지 않은 때도 있다. 자신의 잘못이 아닌데도 항상

'미안해'라는 말을 달고 산다면 어떻겠는가. 그런 사람들만큼 나약하고 자신감 없어 보이는 사람도 없다. 하지만 이는 '미안해'라는 말 자체의 결함이 아닌 그 사람의 자존감이 너무 낮기 때문이다.

### 진심이 담기지 않은 사과는 꼼수에 불과하다

누군가에게 미안한 생각이 든다면 주저하지 말고 사과하라. 진심으로 미안할 때는 앞뒤 재고 따질 것이 없다. 지극히 사소한 일에서부터 말 한마디로 용서받기 어려운 큰일까지도 미안하다는 말 한마디로 굳게 닫힌 마음의 문을 열 수 있다. 특히 윗사람이 아랫사람에게 하는 미안하다는 말은 관계의 오랜 독을 푸는 해독제와도 같다. 그러니 미안한 일이 있다면 주저하지 말고 이렇게 말해보라.

"이번에 자네에게 기회를 주지 못해서 정말 미안하네. 다음에 다시 함께할 기회를 만들어보세."

"이번 프로젝트 실패는 순전히 내 책임이네. 다들 열심히 했는데 미안하네."

사실 '미안해'라는 말을 할 때는 적지 않은 용기가 필요하다. 그 때문에 미안하다는 말을 끝내 하지 못하는 사람도 적지 않다. 이에 "우리가 남이야. 우리 사이에 미안하다는 말을 꼭 해야만 내가 미안해하는 걸 알겠어?"라며 오히려 더 큰소리치는 사람도 있다. 지금은 몰라도 언젠가는 내 진심을 알 것이라며 대충 얼버무리는 것이다.

하지만 잘 생각해보면 우리는 남이다. 심지어 평생 한 이불 덮고 사는 부부도, 붕어빵처럼 찍어낸 듯 빼닮은 자식도 '우리'라고 불리기는 하지만, 사실은 '남'이다. 나도 내 속을 모를 때가 많은데, 남이 내 속을 어찌 알 수 있겠는가. 그래서 더 미안하다고 해야 한다. 그래야만 상대가 진심을 알 수 있기 때문이다.

미안하다는 말이 관계 회복의 열쇠가 되는 이유는 그 말속에 용서를 구하는 마음이 담겨 있기 때문이다. 그러니 책임질 일이 있다면 더는 망설이지 말고 사과하라. 단, 거기에는 반드시 진심이 담겨 있어야 한다. 책임을 미루다가 마지못해 사과하는 것은 진정한 사과가 아니다. 그것은 책임을 회피하려는 꼼수에 불과하다. 그러므로 미안하다고 할 때는 눈과 손뿐만 아니라 혀에도 진심을 담아야 한다. 그 모든 것이 당신이 미처 알지 못하는 사이에 말보다 앞서 당신의 마음을 전하기 때문이다.

# 거절만 잘해도
# 사회생활 절반은 성공한다

**감당할 수 없는 부탁은 단호하게 거절하라**

거절만큼 어려운 것도 없다. 그러다 보니 많은 사람이 불편함이나 미안함을 느끼지 않고 현명하게 거절하는 방법을 찾고 싶어 한다. 하지만 그 방법을 터득하기까지는 꽤 오랜 시간이 걸린다. 평생 그 방법을 터득하지 못할 수도 있다. 솔직히 말하면 나 역시 '세련되고 매너 좋게, 힘들이지 않고 감정적 불편함 없이 거절하는 방법'을 잘 모른다. 누군가가 그런 대단한 노하우를 갖고 있다는 이야기도 듣지 못했다. 설령, 누군가가 그런 기발한 노하우를 갖고 있다고 해도 나는 그 말을 곧이곧대로 믿지 않을 것이다. 그 말을 믿기 전에 먼저 그의 됨됨이를 의심할 테니 말이다.

거절당하는 사람 처지에서 보면 아무리 괜찮은 척한다고 해도 거절당하는 순간 느꼈을 섭섭함과 껄끄러움이 남기 마련이다. 거절당해본 사람이라면 그 불편하고 비참한 심정을 헤아릴 수 있을 것이다. 따라서 공감 능력이 아예 없는 사람이 아닌 다음에야 미안한 마음 없이 거절하는 방법은 없다고 해도 과언이 아니다. 그러니 거절해야 할 때는 미안한 마음과 상황을 있는 그대로 받아들이면서 거절의 뜻을 분명히 밝히는 것이 좋다. 스스로 감당하기 힘든 부탁이라고 생각하면서도 미안함 때문에 거절하지 못하면 미안함은 금세 원망으로 바뀌고 상대와의 관계 역시 멀어질 수 있기 때문이다.

한 설문조사에 의하면, 직장인 87%가 부탁을 거절하지 못해 동료에게 돈을 빌려준 적이 있다고 한다. 문제는 그중 57%가 돈을 돌려받지 못했다는 것이다. 차마 거절할 수 없어서 돈을 빌려줄 때 그 액수가 굳이 받지 않아도 되는 정도라면 별문제가 없겠지만, 자기 능력을 넘어서는 액수라면 처음부터 거절하는 편이 낫다. 그렇다면 어떻게 하면 상대와의 관계를 깨뜨리지 않고 현명하게 거절할 수 있을까. 그것을 알려면 우리가 'NO'라고 말하는 상황을 유심히 살펴볼 필요가 있다.

'NO'라는 말에는 크게 두 가지 마음이 담겨 있다. 먼저, 말 그대로 '정말 하기 싫은' 경우다. 더는 설명이나 변명의 여지 없이 싫어서 안 하겠다는 것이다. 이는 상대의 요청이 큰 의미 없는 단순한 제안일 때 부담 없이 사용할 수 있다. 예컨대, "영화 볼래? 소개팅할래?"와 같은 경우로, 수락하건 하지 않건 간에 어느 쪽도 손해 보는 사람이 없을뿐더러 굳이 자신이 아니어도 그 요청을 들어줄 다른 대안이 얼마든지 존재한다. 그러니 이럴 때는 망설임 없이 'NO!'라고 하면 된다. 하지만 두 번째 'NO'에는 훨씬 복잡하고 다양한 감정이 들어가 있다. 해주고는 싶은데 시간이 없다거나 능력이 안 되어서 못 해주는 경우가 바로 그것이다. 여기에는 "나도 어쩔 수 없어!"라는 미안함이 담겨 있다. 하지만 들어줄 수 없는 부탁이라면 처음부터 단호하게 거절해야 한다.

### 관계를 깨뜨리지 않는 현명한 거절의 기술

거절할 때는 다음 세 가지를 명심해야 한다.

첫째, 절대 여지를 남겨선 안 된다. 착한 사람 콤플렉스가 있는 사람, 우유부단한 사람일수록 단호하게 거절하지 못하는 경향이 있다. 그들은 "미안, 안 되겠어."라는 말 대신 말을 빙빙 돌려가며 장황하게 자신의 처지를 설명한다. 하지만 그럴수록 상대의 기대는 점점 커지게 마련이다. 나아가 장황한 설명 끝에 내린 결론이 'NO'라면 더욱 실망감만 키우게 된다. 그러므로 거절하려고 마음먹었다면 상대가 기대할 만한 여지를 절대 남기지 말고 단번에 확실하게 거절해야 한다. 예컨대, 새로운 사업안을 제출했는데 며칠이 지나도 전혀 피드백이 없다면 부하 직원 처지에서는 상사가 매우 답답하게 느껴질 것이 틀림없다. 또한, 그렇게 되면 사업안을 수정하거나 새로운 아이디어를 추가하고 싶어도 함부로 행동으로 옮길 수 없다. 상사가 어떤 피드백을 할지 모르기 때문이다. 그런데 이때 여러 가지 문제로 그것을 실행할 수 없는데도 부하 직원을 배려해서 상사가 여지를 남긴다면 어떻게 될까. 이 경우 부하 직원은 상사의 마음을 충분히 헤아려서 사려 깊다고 생각할까. 절대 그렇지 않다. 우유부단

한 상사, 의사결정이 늦은 상사, 판단력 없는 상사라고 단정할 가능성이 훨씬 크다. 나아가 무능한 상사가 시간을 까먹는 바람에 자신의 아이디어가 빛을 보지 못했다며 원망과 함께 그런 상사 밑에서 일해야 하는 자신의 처지를 비관할 수도 있다. 하지만 상사가 처음부터 솔직하게 얘기했다면 얘기가 180도 달라진다. 또 다른 대안을 마련하기 위해 최선을 다했을 것이기 때문이다.

누구나 시간과 에너지를 들이며 기다린 일에 대해서는 더 큰 기대를 하게 마련이다. 그러니 거절할 때는 단번에 확실하게 해야 한다.

둘째, 오해하지 않도록 해야 한다. 거절하는 사람이 느끼는 미안함은 상대 역시 잘 안다. 그래서 부탁한 사람도 거절할 수밖에 없는 사람의 마음을 헤아리고 오히려 미안해할 필요 없다며 위로하는 경우도 있다. 하지만 오해는 다르다. 그러므로 미안함은 남겨도 되지만, 상대가 오해할 만한 말과 행동은 절대 해선 안 된다. 예컨대, 친한 친구가 한 달 후 갚을 테니 3천만 원만 빌려달라고 했다고 해보자. 마침 당신에게는 3년간 열심히 부은 적금 3천만 원이 어제로 만기가 되었다. 하지만 그 돈은 아파트 중도금으로 일주일 뒤에 내야만 한다. 이때 오해 없이 거절하려면 어떻게 해야 할까. 있는 그대로 사실을 말해야 한다. 3천만 원을 갖고 있지만, 일주일 후 아파트 중도금을 내야 해서 빌려줄 수 없다고 말이다. 정말 친한 친구라면 집을 잃을 수도 있는 상황에서 더는 매달리지 않을 것이다. 하지만 돈이 없다며 거짓말하는 것은 좋지 않다. 혹시라도 친구가 나중에 그 사실을 알게 된다면 돈을 빌려주지 않은 것보다 자신을 무시했다는 생각에 괴로워하는 것은 물론 관계 역시 파탄날 수 있기 때문이다.

셋째, 거절과 단절을 명확히 구분해야 한다. '거절은 곧 관계의 단절'이라고 섣불리 단정하는 사람들이 있다. 그러다 보니 직접 거절하지 않기 위해 그 사람과 부딪치는 상황을 피하거나 아예 숨어버리기도 한다. 어느 정도 시간이 흐르면 부탁할 일이 사라져서 직접 거절하지 않아도 된다고 생각하기 때문이다. 하지만 이런 방법은 오히려 둘 사이를 단절하게 한다.

거절을 잘하고 싶다면 절대 도망가선 안 된다. 거절은 거절대로 하고, 함께 대안을 찾아야 한다. 대안을 찾기 위해 진심으로 함께하는 모습을 보인다면 거절까지도 수용하고 인정하는 관계로 발전할 수 있기 때문이다. 하지만 단절이 두려워서 거절하지 못하는 것은 따지고 보면 지극히 계산적인 관계라는 반증이다. 참된 인간관계는 거절했는데도 사이가 유지되는 것이다. 이런 관계를 원한다면 부탁한 상대와 함께 고민하는 기회를 저버려선 안 된다.

아무리 인간성 좋은 사람도 모든 사람의 부탁을 들어줄 수는 없다. 살다 보면 거절해야 하는 상황이 반드시 생기기 때문이다. 그러니 상대의 부탁이 자신이 감당할 수 없는 수준이라면 뜸 들이지 말고 단호하게 거절해야 한다. 나아가 부탁을 거절해서 미안하다면 그 마음을 적극적으로 표현하는 것이 좋다. 그 마음이 진심이라면 둘 사이의 관계는 절대 흔들리지 않을 것이다.

# PART 3

## 매력적인 인간관계의 비밀

||||||||||||||||||||||||||||||||||||||||||||||||

## 빈틈 있는 사람이 행복하다

이란에서는 최고급 카펫을 짤 때

아주 작고 섬세한 흠을 하나 만들어둔다.

이를 가리켜 '페르시아의 흠'이라고 하는데,

여기에는 "세상에 완벽한 것은 없다."라는

장인들의 철학이 깃들어 있다.

인디언들 역시 구슬 목걸이를 만들 때

흠이 있는 구슬을 하나 꿰어 넣고

그것을 '영혼의 구슬'이라고 부른다.

여기에는 '영혼을 가진 것은 그 무엇도 완벽

할 수 없다.'라는 인디언의 지혜가 담겨 있다.

__ **'사람을 끌어당기는 인간관계의 비밀'** 중에서

# 사람을 끌어당기는
# 인간관계의 비밀

**약간의 빈틈이 인간관계를 더 매력적으로 만든다**

"내 실수를 사람들이 알면 어떻게 하지?"

누구나 다른 사람 앞에서 자신의 약점이 드러날까 봐 불안해한다. 특별히 내세울 게 없는 사람일수록 그런 경향이 더욱더 심하다. 그 결과, 작은 실수에도 크게 위축될뿐더러 의기소침하기 일쑤다. 사람들이 자신의 약점을 조롱하거나 무능한 사람으로 얕잡아 볼까 봐 두렵기 때문이다. 하지만 전문가들의 생각은 다르다.

"사람들은 너무 완벽한 사람보다 약간 빈틈이 있는 사람을 더 좋아한다."

미국 심리학자 캐시 애론슨<sup>Kathy Aaronson</sup>의 말이다. 그녀는 '퀴즈왕 선발대회 실험'을 통해 사람들이 퀴즈게임 도중 실수하거나 자신의 실수담을 털어놓은 사람에게 더 큰 호감을 느낀다며, 이를 '실수 효과^Pratfall Effect'라고 했다. 허점이나 실수가 오히려 인간적인 매력으로 작용할 수 있음을 증명한 것이다.

의사나 카운슬러 역시 '자기 공개 기법^Self-disclosure Technique'이라는 그와 비슷한 기법을 활용한다. 클라이언트가 자신의 문제를 말하지 못하고 망설일 때 "나도 문제를 갖고 있다."라며 자신의 문제를 먼저 공개함으로써 상대가 경계심을 풀고 편안한 마음으로 비밀을 털어놓을 수 있게 유도하는 것이다.

사람들은 대부분 완벽함보다 인간적인 면모에 가치를 둔다. 그 때문에 누군가가 자신의 결점을 드러내는 것만으로도 그가 솔직한 사람이라고 생각하게 되고, 자신 역시 결점을 감추지 않고 솔직하게 드러내도 괜찮으리라고 생각한다. 상대가 빈틈을 갖고 있다는 것을 알게 되는 순간, 사람들의 마음속에서는 안도의 한숨이 새어 나오면서 그 자리에 미묘한 우월감이 들어차기 때문이다. 특히 그가 특정 분야에서 명성이 높거나 유능한 사람일 경우 더 큰 친근감과 호감을 느끼게 된다.

이란에서는 최고급 카펫을 짤 때 아주 작고 섬세한 흠을 하나 만들어 둔다고 한다. 이를 가리켜 '페르시아의 흠^Persian flaw'이라고 하는데, 여기에는 "세상에 완벽한 것은 없다."라는 장인들의 철학이 깃들어 있다.

인디언들 역시 구슬 목걸이를 만들 때 흠이 있는 구슬을 하나 꿰어 넣고 그것을 '영혼의 구슬'이라고 부른다. 여기에는 '영혼을 가진 것은 그 무엇도 완벽할 수 없다.'라는 인디언의 지혜가 담겨 있다.

이렇듯 빈틈이 있다고 해서 불완전한 것은 절대 아니다. 오히려 빈틈 있는 사람일수록 타인에게 도움을 베풀 기회를 준다.

### 상대가 채워줄 빈틈을 남겨라

우리는 누구나 타인에게 도움을 주고 싶어 한다. 좋은 사람이라는 인상을 남기고 싶기 때문이다. 그 결과, 자신을 착한 사람이라고 생각하며 은연중에 자존감이 높아지고, 자신의 선행으로 인해 언젠가는 돌려받을 수 있는 보상이 저축되고 있다고 생각한다. 또한, 우리는 자신의 도움을 받은 사람을 머릿속에 '내 편'으로 저장해둔다. 그러니 누군가가 당신을 자기편이라고 생각하게 하고 싶다면 기꺼이 그가 당신의 빈틈을 채워주고 싶도록 부족한 면을 보여주는 것이 좋다.

지금껏 자신을 완벽하게 만들기 위해 다그쳐 왔다면, 그래서 주위 사람들까지 피곤해질 정도로 매사에 완벽한 모습만 보였다면, 이제 빈틈을 드러내도 괜찮다. 지금까지 감춰온 약점을 보여주는 것만으로도 인간적인 사람이라는 찬사를 받을 수 있다. 하지만 빈틈을 '무능함'이나 '허술함'과 혼동해서는 안 된다. 빈틈과 무능함은 엄연히 다르기 때문이다. 빈틈은 사소한 도움을 주고받는 과정에서 사람 사이의 윤활유 역할을 하지만, 무능함은 도와주는 것 자체를 헛수고로 느끼게 한다. 윤활유로서의 빈틈은 상대가 기꺼이 채워줄 수 있을 정도의 사소한 것이어야 한다. 그 빈틈이 지나치게 크거나 치명적이어서는 절대 안 된다. 실례로, 애론슨의 심리 실험에서 퀴즈쇼 참가자가 커피를 쏟은 것은 사소한 실수에 해당한다. 사람들은 결승까지 올라온 똑똑한 참가자가 어린아이처럼 긴장해서 컵을 엎지르는 상황을 보면서 경계심을 풀고 마음을 열었다. 그런데 만일 실수한 사람이 참가자가 아니라 사회자였다면 어땠을까. 전문 사회자가 방송 때문에 긴장해서 목소리가 떨리고 버벅거린 나머지 커피까지 쏟았다면 사람들은 방송인으로서 치명적인 약점을 가졌다고 생각할 것이 틀림없다.

내가 가진 약점이 인간적인 빈틈인지 무능함인지를 알고 싶다면 다음 두 가지 질문을 스스로에게 해보면 된다.

- 그것이 지금 하는 일에 나쁜 영향을 미치지는 않는가?
- 그것이 나에 관한 부정적인 평판을 만들지는 않는가?

만일 두 질문 모두 '그렇다'면 그것은 사소한 약점이 아니라 무능함으로 평가될 여지가 충분하다.

고등학교 동창 중 사람 이름과 얼굴을 잘 기억하지 못하는 친구가 있다. 한두 번 만난 사람은 늘 처음 만나는 사람 대하듯 하고, 적어도 세 번은 만나야 겨우 얼굴을 기억한다. 재미있는 것은 그 친구의 직업이 수학 교사라는 것이다. 그녀는 대한민국 국민 80%가 가장 어렵다고 느끼는 과목인 수학을 전공하고, 학창시절 내내 만점을 받았건만, 사람 이름 외우는 것을 수학 문제 푸는 것보다 더 어려워했다. 수학 성적은 일단 포기하고 다른 과목만 열심히 공부했던 나로서는 수학 공식은 달달 외우면서 다른 사람의 이름 석 자도 외지 못하는 친구의 모습이 그렇게 인간적일 수 없었다.

하지만 이런 약점이 영업직에서는 무능함으로 변한다. 한 번 스쳐 지나간 사람이라도 어떻게든 연결고리를 만들어서 인맥을 쌓아야 할 영업 사원이 이름은 물론 얼굴마저 기억하지 못한다면 상대는 무시당했다고 생각할 것이 틀림없다. 그 결과, 고객을 모으는 일에도 당연히 어려움이 따를 것이며, 회사에서는 그를 무능하다고 판단할 것이다.

이렇듯 우리가 윤활유로 사용할 수 있는 약점은 지금 내가 하는 일에 방해되지 않고, 나에 대한 부정적인 평판을 만들지 않아야 한다. 자신이 하는 일에 방해가 된다면 그것은 인간적 빈틈이 아니라 무능함의 증거이기 때문이다.

사실 우리에게는 수많은 빈틈이 있다. 그러다 보니 많은 사람이 완벽해지기 위해 노력한다. 완벽함을 추구하는 것은 분명 우리를 성장하게 한다. 하지만 모든 면에서 완벽함을 추구할 필요는 없다. 자신이 목표로 삼은 일, 빈번하게 문제를 일으켜 꼭 고쳐야 할 행동과 같은 우선순위를 정하고 거기에만 집중하면 된다. 예컨대, 가수라면 노래를, 연기자라면 연기를, 교수라면 전공 분야에 대한 지식을, 작가라면 글쓰기가 완벽해질 때까지 자신을 채찍질하고, 그와 관련되지 않는 부분에서는 자신을 좀 더 여유롭게 대할 필요가 있다. 그리고 누군가가 빈틈을 채워줬다면 그의 배려에 '도와줘서 고맙다.'라는 감사의 피드백을 반드시 해야 한다. 특히 그것이 사소한 것이 아닌, 우리가 진행하는 일의 일부라면 더욱더 그래야만 한다. 후배나 동료의 신뢰를 잃는 사람들을 보면 다 함께 한 일에 대한 성과와 칭찬을 혼자만 차지하는 경우가 많다. 기획안에 꼭 들어가야 할 자료 조사와 도표 정리를 다른 사람의 도움을 받아 그대로 사용해놓고, 성과는 혼자만 챙기는 것이다. 마치 기획안 완성에 필요한 자료가 아니었다는 듯이 말이다. 그런 일이 쌓이다 보면 신뢰를 잃는 것은 물론 남의 공을 가로채는 염치없는 사람으로까지 평가받을 수 있다.

모든 면에서 스스로 다그치고 완벽함의 잣대를 들이대게 되면 주변 사람들 역시 심리적으로 위축된 나머지 선뜻 다가설 수 없다. 앞서 말했다시피, 아무런 상처나 결점이 없는 사람에게 자신의 상처와 실수담을 늘어놓는 사람은 절대 없다. 내게 허점이 있을 때 상대 역시 마음을 열고 다가오게 마련이다. 그러니 다른 사람과 심리적 거리를 좁히고 싶다면 '빈틈'이라는 묘약을 현명하게 다룰 줄 알아야 한다.

# 조직은
# 완벽주의자를 싫어한다

### 완벽주의자일수록 희생양이 될 가능성이 크다

얼마 전 반가운 메일 한 통을 받았다. 대학 시절 내게 리더십 강의를 들었던 학생이 오랜만에 연락해온 것이다. 꽤 긴 시간이 흘렀는데도, 그 학생은 내 기억 속에 또렷이 남아 있다. 어디서건 잘해낼 것 같은 믿음직스러운 모습과 적극적인 태도가 매우 인상적이었기 때문이다. 당시 나는 그 학생을 보면서 앞날이 매우 기대되는 사람이라고 생각했다. 그런데 그런 기대와는 달리, 얼마 전 만난 그는 직장생활에 문제가 있다며 잔뜩 의기소침해 있었다. 조직 생활이 잘 안 맞는 것인지, 자기 성격에 문제가 있는 것인지, 그게 아니면 무능한 탓인지 모르겠다면서 괴로움을 호소했기 때문이다.

학창 시절 그는 부모님과 선생님들의 칭찬을 독차지하는 모범생이었다. 친구 부모님도 그와 함께라면 학원이건, 여행이건 흔쾌히 허락해줄 정도였다. 그 덕분인지 그의 주변에는 항상 사람이 끊이지 않았다. 그와 함께하면 부모님 감시에서 벗어날 수 있을 뿐만 아니라 팀 프로젝트에서도 좋은 점수를 받을 수 있었기 때문이다.

직장 역시 마찬가지였다. 모두의 예상대로 그는 졸업하기 전 남들이 부러워하는 회사에 입사했다. 그리고 한 2년은 아무 문제 없이 잘 지냈다. 그런데 3년째 접어들면서부터 '이게 아닌데'라는 생각이 들곤 했단다. 무슨 일이건 잘한다며 '우리 팀 기대주'라고 치켜세우던 상사의 태도가 점점 싸늘하게 변했을 뿐만 아니라 동료들 역시 점점 그를 따돌렸기 때문이다. 하지만 아무리 생각해도 무엇이 문제인지 알 수 없었다. 그러니 답답하다 못해 직장생활을 계속해야 할지 그만둬야 할지 모르겠다며 곪을 대로 곪은 속내를 털어놓았다.

문제는 모든 일을 다 잘하고 싶어 하는 그의 '완벽주의'에 있었다. 그는 참신한 아이디어가 떠올라도 그것을 완성된 형태로 정리해서 보고할 수 있을 때까지는 절대 입 밖으로 꺼내지 않았다. 심지어 회의 중에 상사가 물어봐도 잘 모르겠다고 했다. 채 숙성되지 않은 아이디어를 섣불리 말하는 건 아이디어가 없는 것과 마찬가지라고 생각했기 때문이다.

그런 그의 태도는 주변의 오해를 사기에 충분했다. 팀원들과 브레인스토밍 하는 자리에서는 "잘 모르겠습니다."라고 해놓고 채 이틀도 되지 않아 기획안을 만들어서 제출하는 일을 반복했기 때문이다. 이는 처음에는 '매우 열심히 일한다.'라는 증거가 되었지만, 반복할수록 팀원들에게 '우리를 믿지 못한다.'라는 의심을 샀다.

나는 그에게 이렇게 물었다.

"모든 일에 완벽해야 한다고 생각하나요?"

그의 대답은 당연히 "그렇다"였다. 나아가 대부분 사람이 "그렇게 살지 않느냐?"고 반문했다. 물론 그의 말이 틀린 것은 아니다. 대부분 사람이 다른 사람에게 인정받기 위해 노력하고, 모든 면에서 완벽해지고 싶어 하기 때문이다. 하지만 아이러니하게도 그런 욕망과는 달리, 대부분 사람은 완벽한 타인을 그리 좋아하지 않는다. 심지어 완벽해지기 위해 노력하는 사람들조차 완벽한 타인과 가까워지는 것에 대해 썩 내켜 하지 않는다. 과연, 무엇이 우리 마음속에 그런 모순된 감정을 낳게 하는 것일까.

그 해답은 의외로 간단하다. 완벽해 보이는 사람일수록 상대에게 상대적 박탈감을 느끼게 하기 때문이다. 대부분 사람은 완벽한 사람 곁에 있으면 자기 자신이 상대적으로 초라해 보인다고 생각한다. 자신의 단점이 두드러져 보이기 때문이다. 그러니 경계심을 갖고 그와 거리를 두려고 한다. 미국 켄터키대학교 심리학 교수로 재직 중인 사회심리학자 리처드 H. 스미스[Richard H. Smith]의 질투에 대한 심리 실험을 보면 그 이유를 명확히 알 수 있다.

스미스 교수는 '의대 지망생 R군'이 각각 다른 캐릭터로 등장하는 비디오 두 편을 제작한 후 사람들을 A와 B 두 그룹으로 나누어 그 비디오를 보여주었다. A그룹이 본 비디오에는 재력가 부모님에 매력적인 여자친구, BMW 자동차를 가졌으며, 모든 과목에서 항상 A학점을 받는 R군이 등장했고, B그룹이 본 비디오에는 평범한 집안에 여자친구도, 차도 없고, 공부는 B학점 정도 수준안 R군이 등장했다.

실험 결과, A그룹이 B그룹보다 훨씬 더 강한 질투를 느낀 것으로 나타났다. 이에 스미스 교수는 두 그룹에게 똑같은 후속편을 보여주었다. 의대 지망생 R군이 결국 의대에 진학하지 못하고 연구실에서 마약을 훔치다가 발각되어 체포된 내용이었다. 그리고 그에 대한 감상을 측정한 결과, A그룹이 B그룹보다 훨씬 통쾌함을 느끼는 것으로 나타났다. 이는 우리가 완벽한 사람 앞에서는 상대적 박탈감을 느끼지만, 어딘가 빈틈이 있어 보이는 사람 앞에서는 상대적으로 우월함을 느낀다는 사실을 말해준다.

다시 처음 이야기로 돌아가 보자. 3년간 아무 문제 없이 지내온 직장상사와 동료들의 태도가 달라진 이유는 과연 뭘까. 상사로서는 일 처리가 야무진 부하 직원은 어떤 일이건 믿고 맡길 수 있는 든든한 존재임이 틀림없다. 그러니 처음에는 매우 대견해서 한번 잘 키워 보고 싶다는 생각에 사이좋게 지냈을 것이다. 하지만 완벽함을 추구하는 부하 직원은 상사에게 숨 막히는 존재일 수밖에 없다. 특히 사람은 누구나 자신이 완벽하지 않다고 생각하기에 자신의 약점을 들킬 상황과 맞닥뜨리는 것을 피하고 싶어 한다. 더욱이 그것이 상사보다 유능하고 빈틈없는 부하 직원이라면 어떤 상사라도 그를 멀리할 가능성이 크다. 언젠가는 자신을 밟고 넘어설 경쟁자가 될 수 있기 때문이다. 조직에서 그런 부하 직원은 더 크기 전에 제거해야 하는 '적'으로 간주한다. 신입 시절 일 잘한다고 칭찬받던 직원들이 시간이 흐르면서 하나둘씩 사라지는 이유는 바로 그 때문이다. 그런데도 여전히 완벽주의자가 되고 싶은가? 그렇다면 이 사실을 명심하라. 완벽주의자는 조직에서 자신의 진가를 발휘하기도 전에 희생양이 될 가능성이 크다는 사실을.

### 완벽주의는 최고의 자학, 약점을 부끄러워하지 마라

많은 사람이 완벽함을 추구하지만, 세상에 완벽한 사람은 없다. 누구나 결점을 갖고 있으며, 감추고 싶은 단점이 있기 마련이다. 하지만 이 역시 생각을 조금만 바꾸면 큰 경쟁력이 될 수 있다.

영국 수상을 지낸 윈스턴 처칠은 작은 키에 허약 체질이었으며, 공부도 그리 잘 하지 못했고, 심지어 말까지 더듬었지만, 모두가 부러워하는 위대한 정치인이 되었다. 학창 시절 그의 생활기록부에는 "품행이 나쁜 믿을 수 없는 학생으로, 의욕과 야심이 없고, 다른 아이와 자주 다투며, 상습적으로 지각하고, 제 물건을 제대로 챙기지 못하며, 야무지지 못하다."라고 적혀 있다.

대중을 상대로 연설해야 하는 정치인이 말을 더듬는 것은 치명적인 결점임이 분명하다. 하지만 그는 굳이 자신의 과거를 미화하거나 감추지 않았고, 정치에 입문한 후에도 유창한 연설을 위해 애쓰지 않았다. 하지만 그의 어눌한 연설은 오히려 청중의 귀를 열게 했고, 그 안에 깃든 진심을 더욱 효과적으로 전달했다.

우리나라 영화계의 거장 임권택 감독 역시 어눌한 화법을 경쟁력으로 승화시켰다. 그는 조용하고 느리며 지나치게 차분할 뿐만 아니라 마치 오래된 기억을 반추하듯 더듬거리며 말한다. 하지만 그가 입을 여는 순간, 모든 사람이 그를 주목한다. 그가 하는 말은 모두 진실일 것이라는 믿음 때문이다. 그런 화법은 그의 영화에도 그대로 투영되어 그의 작품에는 삶의 질박하고 진실한 모습이 오롯이 담겨 있다. 어쩌면 약점이 될 수도 있었던 투박함이 오히려 그를 더 돋보이게 하고, 영화를 더욱 빛나게 한 것이다.

그뿐이 아니다. 톰 크루즈<sup>Tom Cruise</sup>, 성룡<sup>成龍</sup>, 올랜도 블룸<sup>Orlando Bloom</sup> 등은 난독증이 있지만, 누구나 다 아는 세계적인 스타가 되었다. 또한, 누구와도 금세 친해질 것 같은 오프라 윈프리<sup>Oprah Winfrey</sup>는 학교에서 왕따였고, 비틀스<sup>The Beatles</sup> 멤버들은 정규 음악 교육을 받은 적이 전혀 없음에도 음악의 전설이 되었다.

그들의 공통점은 완벽하다는 데 있지 않다. 약점 때문에 기죽거나 포기하지 않았다는 데 있다. 나아가 자기 약점을 정확히 알고 인정했으며, 강점을 더욱 강화해 약점이 아주 사소하게 보이게 했다.

이에 대해《중독 사회<sup>When Society Becomes an Addict</sup>》를 통해 조직과 사회가 어떻게 우리를 속이고 병들게 하는지를 강조한 작가 앤 윌슨 섀프<sup>Anne Wilson Schaef</sup>는 이렇게 말한 바 있다.

"완벽주의는 최고의 자학이다."

굳이 완벽하지 않아도 괜찮다. 비록 불완전함이 약점으로 보일지라도 그 때문에 위축될 필요는 전혀 없다. 약점 때문에 전전긍긍하느니 강점을 강화하는 데 주력해야 한다. 숨기고 싶던 약점이 아주 사소해 보이는 날이 머지않아 올 것이다. 그리고 그것이 바로 조용히 자신을 드러내고 승리를 거머쥐는 출발점이 될 것이다.

# 모든 사람의
# 비위를 맞추느라 애쓸 필요 없다

### 자기감정을 통제하는 것이야말로 관계 악화의 지름길

"성공하려면 상대와 상황에 따라 적당히 바꿔가며 쓸 수 있는 가면 몇 개쯤은 필요하다."

처세의 기본은 자신을 적당히 숨기는 데 있다고 말하는 사람들이 있다. 그 때문에 비록 상대가 잘못된 행동을 해도 직접 나서서는 안 되며, 하고 싶은 말이 있어도 참아야 하고, 내가 싫어한다는 사실을 상대가 절대 눈치채지 못하게 해야 하고, 기분 나빠도 얼굴에 감정을 절대 드러내선 안 된다고 말한다.

물론 그래야만 하는 경우도 분명 있다. 하지만 그것은 처세술이라기보다는 배려에 가깝다. 다양한 사람이 모인 조직에서 자기 성향과 맞지 않는다며 싫은 티를 내거나 기분에 따라 내키는 대로 말하고 행동해선 안 되기 때문이다. 특히 자신의 행동이 누군가의 마음을 상하게 하고, 팀에 안 좋은 영향을 끼친다면 현명하게 자기감정을 통제할 줄 알아야 한다.

모든 관계의 기본은 '진정성'에 있다. 다시 말해 자기감정을 통제하는 것은 더는 관계를 악화시켜서는 안 될 때 활용해야 할 임기응변일 뿐 인간관계의 바탕은 될 수 없다. 아무리 치열한 조직에서도 인간관계의 기본인 신뢰는 진정성에 바탕을 두어야 한다. 이는 어떤 상황, 어떤 관계에서도 변하지 않는 진리와도 같다. 하지만 다양한 사람이 모여서 일하다 보면 서로 잘 맞는 사람도 있고, 그렇지 않은 사람도 있게 마련이다. 가까운 친구 사이라도 셋이 모이면 하나는 왕따 당하기 쉽고, 넷은 편이 갈라지기 쉽다. 하물며 직장에서 처음 만난 사람과 어떻게 끈끈한 관계를 맺고 유지할 수 있겠는가. 몇 년이 지나도 낯설고 어색한 사람이 당연히 있을 수밖에 없다.

문제는 누군가와의 관계가 매끄럽지 않으면 대부분 미안하고 불편한 감정을 갖는다는 것이다. 목에 걸린 가시처럼 자꾸만 마음에 걸리기 때문이다. 하지만 생각을 조금만 바꿔 보자. 왜 굳이 모든 사람과 사이좋게 지내야만 한다고 생각하는가. 서로 마음에 들지 않으면 서먹한 관계로 지내는 것도 좋지 않을까.

상대와 가까워지기 위해 자기감정을 통제하고 억지스럽게 행동하는 것이야말로 상대와의 거리를 더 멀게 하고 부정적인 감정을 심화시킨다. 한 공간에서 함께 한 시간이 많다고 해서 반드시 친해져야 한다는 법은 어디에도 없다. 또한, 모든 사람과 가깝고 친하다는 것이 자기 능력을 보여주는 중요한 증표가 되는 것도 아니다. 만일 어떤 상대가 불편하다면 그 마음을 그대로 받아들여라. 다른 사람들의 이목이나 통상적인 잣대에 맞춰 살 필요는 전혀 없다. 단, 그의 무엇이 나를 불편하게 하는지에 대해서는 분명하게 알고 넘어가는 것이 좋다. 그래야만 어떤 성격, 어떤 스타일이 나와 맞고, 반대로 어떤 유형이 나를 불편하게 하는지 확실히 알 수 있기 때문이다.

## 자신을 있는 그대로 받아들일 때 비로소 변화할 수 있다

자신을 속이면서까지 누군가에게 잘 보이려고 하거나 좋아하는 척 연기하지 마라. 그것이 누구를 위한 행동이건 피곤해지는 것은 결국 자기 자신이며, 비웃음을 사는 것 역시 자기 자신이다. 이에 대해 신경정신과 전문의인 이시형 박사는 이렇게 말한 바 있다.

"모든 사람의 비위를 맞추려는 에너지를 몇 사람의 진실한 사람을 사귀는 데 쓰라."

사람들의 비위를 맞추기 위해 괜한 헛심 쓰지 말고, 진심이 통하는 사람과 관계를 맺는 데 더 열중하라는 얘기다.

어린 시절부터 원만한 인간관계에 관해 귀에 못이 박이도록 들어온 사람들은 자신과 관계를 맺고 있는 모든 사람의 비위를 맞추는 것을 미덕이라고 생각한다. 하지만 그건 착각에 지나지 않는다. 아무리 나를 낮추고 양보해도 모든 사람을 만족시킬 수는 없기 때문이다. 그러니 어느 쪽을 택하건 결론에 변함이 없다면 당연히 마음이 편한 쪽을 택하는 것이 좋다.

그동안 주변 사람들의 비위를 맞추기 위해 눈치만 봐 왔다면, 이제 그만 자기 자신과 주변 사람들에게 좀 더 솔직하고 당당해져라. 괜히 아는 척, 이해하는 척 무게 잡느라 애쓸 필요 없다. 어차피 그들 역시 내가 마음에 안 들면 굳이 내게 맞추려고 하지 않을 것이 뻔하기 때문이다. 그런 점에서 인간주의 심리학의 새로운 흐름에 주도적인 역할을 했으며, 상담 분야에서 획기적이라고 평가받는 인간 중심 치료를 만든 미국 심리학자 칼 로저스<sup>Carl Rogers</sup>의 말은 매우 의미심장하다.

"우리는 우리 자신을 있는 그대로 받아들일 때 비로소 변화할 수 있다."

# 체면 때문에
# 소중한 사람에게 상처 주지 마라

### 체면 차리려다가 소중한 관계가 깨질 수도 있다

캘리포니아대학교 한 연구진이 실험 참가자 376명에게 인생 '최고의 순간'과 '최악의 순간'을 꼽도록 했다. 그 결과, 실험 참가자 대부분은 특정인과의 멋진 만남과 사랑을 최고의 순간으로 꼽았고, 사랑하는 사람과의 이별, 다른 사람과의 관계에서 비롯된 시련을 최악의 순간으로 꼽았다. 이를 통해 연구진은 '대부분 사람은 개인적인 목표와 일, 취미, 학업 등에 가장 많은 시간을 투자하지만, 인생 최고의 순간 및 최악의 순간은 그것과는 거리가 먼 다른 이들과 교감하면서 느끼는 감정'임을 밝혀냈다.

실제로 우리 인생의 최고의 순간 및 최악의 순간은 '사건'이 아닌 '사람'과 관련된 경우가 많다. '어떤 일이 있었느냐'보다는 '그 순간 누구와 함께했느냐'를 성공과 실패의 중요한 기준으로 생각하는 것이다. 그런데도 우리는 너무도 쉽게 소중한 사람과의 관계를 저버리곤 한다.

## 남을 탓하는 것은 자신의 무능함을 인정하는 것

많은 사람이 아이들로 인해 친분을 쌓곤 한다. 주목할 점은 유독 자기 아이에게만 냉정한 엄마들이 있다는 것이다. 그들은 낯선 이웃 앞에서 수줍어하며 엄마 뒤에 숨는 아이에게 "너는 왜 인사를 안 하니? 어른을 만나면 인사부터 해야 한다고 몇 번이나 가르쳐줬는데, 왜 자꾸 엄마를 부끄럽게 하니?"라면서 아이를 다그치곤 한다. 다른 집 아이가 인사를 안 하거나 실수하면 "괜찮아, 괜찮아. 부끄러워서 그러는구나!"라며 너그럽게 넘어가면서도 말이다.

엄마가 아이에게 예의범절을 가르치는 것은 지극히 당연한 일이다. 그러나 이웃 앞에서 자신의 체면 유지를 위해 아이를 비난하고 비판하는 일은 절대 있어선 안 된다. 아이와의 신뢰 관계가 깨질 수 있기 때문이다. 낯선 사람이 많은 곳에서 가장 믿고 의지하는 존재인 엄마에게 냉정하게 거부당한 아이는 세상에 홀로 내던져진 듯한 두려움을 느끼게 된다. 그렇게 되면 아이에게 예의범절을 가르치려다가 엄마와 아이 사이의 애착 관계가 무너지는 위험한 상황에 직면하게 되고, 이는 둘 모두에게 돌이킬 수 없는 상처로 남게 된다.

자기 체면을 위해서, 또는 순간의 난처함을 모면하기 위해서 동료를 비난하거나 반드시 지켜줘야 하는 사람을 질책하고 외면하는 일은 직장에서도 종종 일어난다.

지난 분기 매출 달성에 기뻐하며 "우리는 평생 함께해야 할 팀"이라고 외치던 팀장이 이번 분기 성과가 저조하다며 다그치는 상무 앞에서 안면을 확 바꾸며 "그러게 내가 뭐라고 했어. 대충 뭉갤 생각하지 말고 죽기 살기로 덤비라고 했잖아. 요즘 다들 왜 그래?"라며 팀원들을 몰아세운다고 해보자. 상사 앞에서 자신의 무능함을 감추고 싶은 것은 팀장의 본능이다. 그러나 자신의 구겨진 체면을 세워주는 것은 더 나은 성과지 내 탓이 아니라는 것을 증명하는 것이 아니다. 바로 그 순간, 그는 상사와 팀원 모두에게 무능한 사람이 되고 만다.

직장생활을 하다 보면 누구나 한 번쯤 그런 경험을 한다. 당신 역시 그런 경험이 있을 것이다. 때로는 아무 죄 없이 당하는 부하 직원이었을 수도 있고, 또 때로는 나약한 자신을 감추려고 버둥대던 상사였을 수도 있다. 승진에서 밀렸을 때, 원하는 부서로 이동하지 못했을 때, 프레젠테이션이 계획대로 진행되지 않았을 때, 워크숍 일정이 개인 일정과 겹쳤을 때, 최선을 다해서 작성한 기획안을 다시 수정해야 할 때… 그럴 때 당신은 과연 누구를 탓했는가?

일이 뜻대로 되지 않을 때 가장 쉽고 편한 방법은 '남 탓하기'다. '내 탓이오'라고 하면 자신의 무능함과 불완전함을 인정하는 것 같기 때문이다. 또한, 자책이 심해지면 깊은 슬럼프에 빠질 수도 있다. 그 때문에 대부분 '내 탓'이 아닌 '남 탓'을 한다. 마치 "나는 아이 교육에 최선을 다하는 좋은 엄마예요."라는 위안을 얻기 위해 아이의 상처를 외면하는 엄마처럼 말이다.

　단지 자신의 체면을 세우기 위해 사랑하는 가족 혹은 소중한 사람에게 상처 주는 일을 한 적은 없는가. 소중한 사람이 느낄 실망과 상처와 비교하면 그것을 통해 얻는 자기 위안은 너무도 보잘것없고 허망한 것에 지나지 않는다. 그러니 일시적인 자기 체면을 위해서 소중한 사람을 저버리는 말과 행동은 절대 삼가야 한다.

# '무관심한 동행'이
# 최선일 때도 있다

### 뛰어난 중간 관리자일수록 갈등 해결에 무관심하다

커뮤니케이션과 갈등 관리를 주제로 강의할 때의 일이다. 강연이 끝나고, 질의응답 시간에 한 참가자가 다음과 같이 물었다.

"상사와 부하 직원 사이가 좋지 않을 때는 어떻게 해야 합니까? 중간에서 난감한 경우가 한두 번이 아니거든요."

강연 참가자 대부분이 기업 중간 관리자들이다 보니, 많은 이가 이 질문에 깊이 공감했다. 대부분 사람이 비슷한 고민을 하고 있거나 그런 문제로 고민한 적이 있기 때문이다.

나는 우선 다른 사람들에게 비슷한 상황에서 어떻게 대처하는지 물었다. 나름대로 해법을 터득한 사람도 있을 터였기 때문이다. 그러자 한 사람이 매우 답답하다는 표정으로 이렇게 말했다.

"저 역시 비슷한 상황입니다. 상사에게 '부하 직원 교육 좀 잘해라.'라는 말을 수시로 듣거든요. 부하 직원 역시 마찬가지입니다. '상사가 너무무능력하다. 능력도 없으면서 욕심만 많아서 우리가 이렇게 힘든 것 아니냐?'라며 한탄하기 일쑤죠. 보통은 그저 그런 신세 한탄 정도로 그치지만, 어떤 때는 상사와 이야기 좀 해보라며, 저를 다그치기도 합니다. 그럴때마다 어떻게 해야 할지 모르겠습니다."

그러자 또 다른 참가자가 자신이 찾은 답을 내놓았다.

"저 역시 비슷한 상황이었는데, 저는 상사의 관점에서 부하 직원을 이해시키려고 했습니다. 부하 직원이 상사를 바꿀 수는 없으니까요. 그래서 상사는 이러이러한 사람이니, 우리가 적당히 맞추자고 했지요."

잠시 후 또 다른 사람이 자신의 경험담을 이야기했다.

"저는 그와 반대로 대처하고 있습니다. 부하 직원들의 입장을 잘 듣고상사에게 직언하는 편이죠. 아무래도 부하 직원이 다수인 경우가 많으니까요. 다수가 이해하고 맞추기보다는 상사 한 사람이 바뀌는 편이 훨씬 쉽고 좋잖아요."

사실 이런 문제의 정답을 찾기란 애당초 불가능하다. 구체적인 상황과조직 특성, 상사의 스타일, 부하 직원들의 태도 및 서로에 대한 신뢰 정도에 따라 해결책이 달라질 수밖에 없기 때문이다. 그런데도 확실한 해법을 기대하는 참가자들에게 나는 다음과 같이 이야기했다.

"냉정하게 말하면 그것은 여러분의 문제가 아닙니다. 상사와 부하 직원 사이의 문제이기 때문입니다. 다만, 여러분이 그 문제를 자기 문제로 받아들이고 해결하려고 하기에, 그것이 마치 자기 문제인 양 착각하는 것입니다. 저라면 그럴 때 '무관심한 동행'을 택하겠습니다."

### 상사를 바꿀 수 있다는 헛된 자만심부터 버려라

갈등 관리를 주제로 강의할 때면 어김없이 나오는 질문들이 있다.

- 일을 정확하게 지시하지 않는 상사는 어떻게 해야 하나요?
- 어떻게 하면 업무에 관심 없는 상사를 일하게 할 수 있을까요?
- 뒤끝 있는 상사에게 찍혔을 때는 어떻게 해야 하나요?
- 아무것도 결정하지 않고, 책임지려고도 하지 않는 상사는 도대체 어떤 마음일까요?
- 일 잘하는 부하 직원을 지나치게 의식하고 경쟁 상대로만 생각하는 상사와 어떻게 지내야 할까요?
- 상사가 사사건건 간섭하고 지시하는데, 그 방향이나 내용이 황당할 때 뭐라고 하면 좋을까요?
- 자기 말만 무조건 옳다며 고집하는 상사는 어떻게 해야 하나요?

어느 조직이건 마찬가지다. 상사와의 갈등은 예외 없이 질문 리스트에 올라오고, 그 내용 역시 비슷비슷하다. 이는 대부분 직장인이 상사와의 관계에 어려움을 겪고 있다는 방증이기도 하다. 하지만 그 많은 질문에 대해 내가 할 수 있는 대답은 아주 간단하다.

"상사를 바꿀 수는 없습니다. 그러므로 상사를 바꿀 수 있을 것이라는 헛된 자만심부터 버려야 합니다."

물론 이 말이 많은 사람을 더 실망하게 했을 수도 있다. 그들이 어려움을 겪고 있는 현실에서 벗어날 수 없다고 했으니 말이다. 하지만 이런 실망감이야말로 조용히 승리하는 힘이 된다.

나는 그 누구라도 무모하게 부딪쳐서 깨지고 내동댕이쳐지는 것을 원하지 않는다. 현실을 올바로 인식하고 그 상황에서 한 발 뒤로 물러서는 것이 옳다고 생각하기 때문이다. 우리가 부모를 변화시킬 수 있었는가? 아이를 변화시킬 수 있었는가? 심지어 가장 마음이 잘 맞는 동반자라고 할 수 있는 배우자를 변화시킬 수 있었는가? 물론 '없다'라고 단언할 수는 없지만, '쉽지 않다'는 것만은 분명하다. 마찬가지로 우리가 진정으로 변화시키고 싶어 하는 상사 역시 우리가 노력한다고 해서 쉽게 바꿀 수 있는 것은 아니다.

사실 우리는 자기 자신조차 변화시키기 어렵다는 사실을 이미 잘 알고 있다. 하물며 상사와 부하 직원 사이에서 고민하는 중간 관리자라면 좀 더 여유를 갖고 편안하게 문제를 대하는 것이 좋다. 문제가 아무리 크다고 해도 그것은 중간 관리자 탓이 아니며, 그가 직접 해결해야 할 문제도 아니다. 다만, 그 일이 자꾸 중간 관리자의 일처럼 생각되는 것은 중간에 끼어 있기 때문이다. 그러니 중간 관리자가 되면 누구나 한 번쯤 겪는 통과의례라고 생각하고 의연하게 대처해야 한다.

## 갈등 및 문제 해결의 책임은 중간 관리자가 아닌 당사자들의 몫

상사와 부하 모두가 중간 관리자를 완충지대로 삼고 싶어 하는 것은 어쩌면 당연한 일이다. 더욱이 중간 관리자가 갈등과 불화를 보고 참지 못하는 사람이라면, 그들은 더욱더 적극적으로 그를 매개체로 문제를 해결하려고 할 것이다. 그것이 그들에게는 서로 부딪히는 것보다 훨씬 쉽고 안전하기 때문이다. 하지만 중간 관리자가 상사와 부하 직원 사이에 개입하는 순간, 문제는 더욱 복잡해진다. 중간 관리자의 위치가 '제삼자'에서 '당사자'로 바뀌며, '그들의 문제'가 아닌 '내 문제'가 되기 때문이다. 예컨대, 중간 관리자가 '서로 잘 지내자.'라는 선의의 목적을 갖고 상사의 특성을 부하 직원에게 이해시키려고 한다고 해보자. 과연, 부하 직원이 그런 선의를 있는 그대로 받아들일까. 그렇지 않다. 부하 직원에게 있어 중간 관리자는 '상사의 대변인'이나 '상사 편'에 지나지 않는다. 반대로 상사에게 있어 중간 관리자는 '건방진 부하 직원들을 선동하는 앞잡이'로밖에 보이지 않는다. 중간 관리자로서 공정하게 문제를 해결하려고 했던 의도와 달리, 누군가의 '편'이라는 돌이키기 어려운 낙인이 찍히고 마는 것이다. 그런 점에서 중간 관리자는 '호된 시어머니 모시면서 신세대 며느리를 길들이는 낀 세대 시어머니'에 비유할 수 있다. 그만큼 그들을 중재하기란 어려운 일이다. 그렇다면 과연 어떻게 해야 그 문제를 해결할 수 있을까.

그럴 때는 양쪽 이야기에 귀 기울여주는 것만으로도 충분하다. 양쪽 모두 중간 관리자가 다른 한쪽을 원하는 대로 바꿔놓을 힘이 없다는 것

쯤은 알고 있다. 그런데도 쓸데없이 고집 피우고 하소연하는 것은 그만큼 편하기 때문이다. 그러다 보니 본의 아니게 그들 스스로 통제하지 못한 감정을 털어내는 역할도 떠맡곤 한다. 그러니 굳이 무리해서 나서지 말고, 그저 묵묵히 그들의 이야기를 들어주고, "이해하지만, 나도 어쩔 수 없다."라는 사실을 양쪽 모두에게 정확히 알리고, 직접 문제를 해결하도록 해야 한다. 그것이 중간 관리자가 할 수 있는 최선의 역할이다.

# 필요할 때 쓸 수 있는
# 인맥 만들기

## 오지랖과 네트워킹 구분하기

인적 네트워킹의 중요성을 모르는 사람은 아마 없을 것이다. 인맥 덕을 톡톡히 봤다는 사람 역시 어렵지 않게 찾을 수 있다. 그러다 보니 너도나도 인맥 만들기에 혈안이 되어 있다. 심지어 아이의 미래를 위해서는 어려서부터 인적 네트워킹을 만들어줄 필요가 있다며 부모가 나서서 명문 유치원을 찾아다니기도 하고, 특별히 만나고 싶은 사람이 없는데도 꼬박꼬박 동창 모임에 나가기도 한다. 문제는 인적 네트워킹을 만들고 유지하기 위해 들이는 시간과 비용만큼 과연 네트워킹을 통해 원하는 효과를 얻고 있냐는 것이다.

지금까지 수많은 사람을 만났지만, "비즈니스 네트워킹에 자신 있다." 라고 한 사람은 단 한 명도 보지 못했다. 간혹 "저는 인맥이 아주 넓어요."

라며 자신 있게 말하는 사람이 있긴 했지만, 알고 보면 인맥이 넓다기보다는 오지랖이 넓은 경우가 대부분이었다. 남의 일에 참견하기 좋아하고, 이 사람 저 사람에 관해 이야기하는 것을 좋아하며, 단순히 아는 사람까지도 인맥으로 포장한 것에 지나지 않았기 때문이다. 얼핏 보면 '화려한 인맥'처럼 보이기도 한다. 하지만 막상 그들의 힘이 필요할 때는 전혀 도움을 주고받을 수 없는 허울뿐인 관계인 경우가 대부분이었다.

네트워킹에 관한 재미있는 속설이 있다. '나는 못 한다.'는 네트워킹을 '남들은 다 잘하고 있다.'라고 생각하는 사람이 의외로 많다는 것이다.

"저는 부탁 같은 것을 잘하지 못하는데, 제 친구는 무슨 일만 생기면 여기저기 전화해서 금방 해결하더라고요."

"선배가 끌어줘서 빨리 승진한 동기가 있어요. 그런 게 네트워킹의 힘 아닐까요?"

"생일 축하 문자만 50통 받았다고 자랑하는 후배가 있어요. 제 생일은 저만 아는데…."

"저는 일 때문에 만난 사람들과 개인적으로 친해지기가 어렵던데, 남들은 그렇지 않은 것 같더라고요."

그들은 자신을 제외한 대부분 사람은 네트워킹을 잘한다고 착각하고 있었다. 그러다 보니 네트워킹이란 말만 들어도 알게 모르게 위축되고 자신이 없어진다고 했다. 하지만 중요한 사실을 간과하고 있다. 네트워킹 때문에 고민하는 것은 누구나 마찬가지라는 것이다. 그러니 자신의 네트워킹 능력을 깎아내릴 필요는 전혀 없다. 만일 그게 고민이라면 그 원인부터 파악하는 것이 먼저다.

### 네트워킹이 어렵고 힘든 사람들을 위한 어드바이스

사람들이 네트워킹을 어려워하고 힘들어하는 원인은 대략 다섯 가지로 나눌 수 있다.

첫 번째, "일은 주어진 대로 열심히 하기만 하면 되는데, 인간관계는 너무 어려워요. 어떻게 해야 네트워킹을 잘할 수 있죠?"

이들은 인간관계 전반에 관한 어려움을 호소한다. 이런 사람들에게는 포괄적인 대인관계 기술이 필요하다. 즉, 사람을 대할 때 어떤 태도를 보여야 하며, 상대방과의 가치관 차이는 어떻게 조율해야 하는지, 갈등이 생겼을 때는 어떻게 해결해야 하는지, 친밀한 관계를 맺기 위해서는 어떻게 해야 하는지 등 효과적인 인간관계의 구체적인 기술을 알려줘야 한다.

네트워킹 역시 인간관계의 일부다. 인간관계를 빙산에 비유하면 네트워킹은 수면 위로 드러난 일부분에 불과하다. 그 때문에 평소 인간관계를 잘 다져두면 필요할 때 도움이 되는 네트워킹 역시 크게 힘들이지 않고 형성할 수 있다.

두 번째, "네트워킹은 주고받는 것이라는데, 저는 줄 만한 것을 하나도 갖고 있지 않아요. 그러니 네트워킹이 어렵겠죠?"

여기에 속하는 사람들의 특징은 자신은 줄 게 없다며 지나치게 겸손하다. 그 때문에 자신의 단점은 수두룩하게 찾아내지만, 장점은 눈 씻고 봐도 찾을 수 없다고 말하곤 한다. 하지만 겸손도 지나치면 얄밉고 야박해 보이는 법이다. 왜 장점이 하나도 없겠는가. 남의 말을 잘 듣는 것, 공감하는 것 역시 상대를 격려하고 위로하는 일이다. 또한, 상대의 아픈 마음을 헤아리는 배려와 유머 감각 역시 뛰어난 능력이라고 할 수 있다. 다만, 차고 넘치게 갖고 있기에 능력이라고 생각하지 않을 뿐이다. 이렇듯 하찮고 사소해 보이는 것도 기꺼이 나누면 자기만의 네트워킹을 만드는 데 큰 도움이 된다.

세 번째, "저는 늦은 밤까지 이어지는 회식과 술 문화를 싫어해서 사람들과 잘 어울리지 못해요. 술도 못 먹고, 회식도 싫어하는데 어떻게 네트워킹을 만들 수 있겠어요?"

네트워킹을 유지하려면 함께 어울려서 즐겁게 주고받을 수 있는 사이가 되어야 한다. 하지만 불편한 자리, 마음이 맞지 않는 사람들, 공허한 농담, 익숙하지 않은 문화에 억지로 자신을 꿰맞추며 그들과 함께하기 위해 노력한다고 해서 네트워킹이 만들어지는 것은 절대 아니다. 물과 기름은 애초에 한 데 섞일 수 없다. 자신과 맞지 않은 사람과 억지로 어울릴 필요 없다. 그런 관계는 오래 유지할 수도 없을뿐더러 서로에게 상처만 남긴다. 그러니 자기에게 맞는 사람들과 함께 자기만의 방식으로 어울리면 된다.

네 번째, "네트워킹은 돈이나 학벌, 능력을 갖춘 사람들끼리 하는 것 아닌가요? 저 같은 초짜와 누가 함께 하려고 하겠어요?"

간혹 네트워킹을 소수 엘리트의 배타적 특권으로 여기는 사람들이 있다. 하지만 이런 생각 역시 잘못된 것이다. 네트워킹은 누구에게나 필요하다. 다만, 그 구성원과 특성에 따라 그 안에서 공유하는 내용과 적용되는 규칙, 통용되는 문화, 주고받는 것이 달라질 뿐이다. 실례로, 요즘은 대학생들 역시 취업을 준비하며 관련 분야 사람들과 활발하게 네트워킹을 시도한다. 그런 점에서 현재 자신의 위치에서 만날 수 있는 사람들과 폭넓게 만나는 것 역시 자신에게 맞는 네트워킹을 찾는 의미 있는 시도가 될 수 있다.

다섯 번째, "네트워킹은 비리의 온상이므로 가능한 한 멀리해야 한다."

네트워킹 자체를 거부하는 이들도 더러 있다. 네트워킹을 악용해 부정적인 결과를 초래하는 모습을 심심찮게 보다 보니 완전히 부정할 수만도 없지만, 다른 사람들이 만들어낸 부정적인 모습 때문에 긍정적인 면까지 부정하는 것은 옳지 않다. 더욱이 기존 네트워킹 방식이 싫다면 자기만의 방식을 만들면 된다.

### 최고의 네트워킹 전략은 서로 '윈─윈' 하는 것

많은 사람이 네트워킹의 필요성을 절감하지만, 대부분 그것을 만들고 유지하는 걸 어려워한다. 그 이유야 셀 수 없이 많지만, 네트워킹의 가치에 대해서 공감한다면 해결 방법은 얼마든지 있다. 그렇다면 성공하는 네트워킹을 만들고 유지하려면 과연 어떻게 해야 할까.

첫째, 도움이 되는 관계에 공을 들여야 한다. 오지랖과 네트워킹을 구분하는 것이다. 오지랖은 그냥 아는 사람이 많은 것이지만, 네트워킹은 필요한 것을 기꺼이 나눌 수 있는 사람들과의 교류다. 오지랖 10년 키워 봐야 정작 필요할 때 힘이 되는 사람은 단 한 명도 없다.

둘째, 많은 것을 제공하고 나눠야 한다. 우리 속담에 "소문난 잔치에 먹을 것 없다."라는 말이 있다. 이는 떠들썩한 소문이나 큰 기대에 비해 실속이 없거나 소문이 실제와 일치하지 않는 경우를 비유적으로 이르는 말로, 네트워킹 역시 서로 도움이 되지 않는다면 굳이 있어야 할 이유가 없다. 그러니 가능한 한 많은 것을 제공해야 한다.

셋째, 필요한 게 있다면 당당하게 요청해야 한다. 먼저 도움을 청하는 것 역시 관계 형성에 유익한 방법이다. 그렇게 함으로써 네트워크가 하나 더 늘어날 수 있기 때문이다. 다른 사람에게 당신 편이 될 기회를 제공하라. 그렇게 해서 받은 것이 있다면 죽을 때까지 기억하고 꼭 한 번은 감사를 제대로 표현해야 한다. 준 것은 즉시 잊고 받은 것은 영원히 기억하는 것 역시 네트워킹을 잘하는 방법의 하나다.

넷째, 주고받을 수 있는 것의 내용과 범위를 명확히 정해야 한다. 특히 내용뿐만 아니라 형식과 절차에서도 윤리적, 도덕적 기준을 반드시 정하고 지키는 것이 좋다. 네트워킹의 부정적 측면이 고개를 들지 못하도록 말이다.

다섯째, 즉각적으로 손익을 따져서는 안 된다. 준 만큼 받으려고 하고, 받은 것만큼 돌려줘야 한다고 생각하면 관계 유지가 어렵기 때문이다. 장기적인 관점에서 사람을 대하고, 받은 것을 꼭 갚아야 한다는 강박증에서 벗어나야만 오랫동안 함께 행복할 수 있다. 선배에게 받은 것을 후배에게 돌려줘도 된다. 만일 그 사이에서 가교 역할을 할 수 있다면 네트워킹을 확산하는 중요한 구심점이 될 것이다.

# 억울함을
# 절대 참지 마라

### 직장생활, 참는 것이 답은 아니다

강의하다 보면 다양한 사람을 만나게 된다. 한번은 강의 후 다음과 같은 고민을 털어놓으며 울분을 토한 사람이 있었다.

"회사도 좋고, 일도 적성에 맞는데, 팀장과 사이가 너무 좋지 않아서 회사를 그만둬야 할 것 같습니다. 하지만 저 혼자만 나가기에는 너무 억울해요."

그러면서 그녀는 자신뿐만 아니라 팀원 대부분이 팀장을 싫어하지만 억지로 참으면서 일한다고 했다. 그래서 자신이 떠날 때 팀장에게 뭔가 보여줘야 할 것 같은데, 어떻게 했으면 좋겠냐고 물었다.

나는 이렇게 말했다.

"떠나기로 했다면 조용히 떠나는 게 좋습니다."

억울함을 호소하는 것은 회사에 남아 있을 때의 일이다. 큰맘 먹고 상사와 부딪쳐서 서로 맞추려는 것이다. 하지만 이왕 떠나기로 했다면 조용히 떠나는 것이 좋다. 떠나는 마당에 자신의 억울함을 여기저기 호소하며 떠들고 다니는 것은 오히려 남아 있는 사람들에게 큰 짐이 된다. 특히 자기만 그렇게 생각하는 게 아니라는 둥, 아무개 말로는 이런 일도 있었다는 둥, 다른 사람의 이야기까지 끌어다가 상사의 흥을 봤다가는 그들까지 원치 않은 상황에 이르게 할 수 있다.

대규모 구조조정을 했다거나, 팀 내 권력 다툼이 생기는 등 좋지 않은 상황에서 누군가가 떠나게 되면 남겨진 사람들은 어떤 형태로건 불안함을 느끼고 동요할 수밖에 없다. 그 때문에 자의건 타의건 남기로 했다면 어떻게든 자신이 남아야 하는 이유를 합리화하게 된다. 그것이 '눈 가리고 아웅'하는 것인 줄 알면서도 스스로 불편한 마음을 최대한 줄일 수 있는 최선의 방법이기 때문이다. 그런데 그 순간, 당신이 '떠나야 하는 이유'를 아주 냉철하게, 회사의 불합리한 부분을 조목조목 짚어가며 더는 머물러서는 안 되는 회사로 만들면, 떠나는 당신의 '옳은 소리'는 남은 동료들에게 필사적으로 막아내야 하는 '공격'으로 간주된다. 그 결과, 당신은 남아 있는 사람들의 정당성을 위해 반드시 사라져야 하는 집단적인 비난의 표적이 될 수 있다. 그러니 이왕 떠나기로 했다면 조용히 떠나는 것이 좋다.

하지만 만일 당신이 떠나지 않고 남기로 했다면 당신이 느낀 억울함을 되도록 상세하고 구체적으로 호소하라. 당신이 직접 말하지 않으면 그 누구도 당신의 어려움을 모를뿐더러 도울 수 없다. 예컨대, 팀장이 당신과 동료에게 설문조사를 해오라고 했는데, 동료가 갑자기 급한 일 때문에 함께할 수 없게 되었다고 하자. 혼자서 힘들게 일을 마무리하고 결과보고서를 제출했는데, 동료가 나오지 않은 사실을 모르는 팀장은 두 사람 모두를 칭찬하며 고생했다고 하고, 동료는 입을 꾹 다물고 말았다. 그때 아무런 불만이 없다면 상관없지만, 아무 일도 하지 않은 동료가 칭찬받는 게 화가 난다면 반드시 말로 표현해야 한다. 팀장에게 보고서를 갖다 줄 때 동료가 급한 일이 생겨서 오지 못하는 바람에 혼자 하느라 어떤 부분이 미미할 수도 있다던가, 아니면 동료에게 오지 못한 상황을 직접 팀장에게 보고하게 하는 것이다.

오래 억눌리면 언젠가는 폭발하게 마련이다. 하지만 무엇을, 얼마나 참아왔는지 모르는 사람은 그 한 번의 폭발조차 지나치다고 생각할 수 있다. 그러므로 더는 마음이 불편한 일을 겪고 싶지 않다면 때로는 억울함을 호소하는 용기가 필요하다.


### 억울할수록 대놓고 말해야 한다

남편 뒷바라지에, 치매에 걸린 시부모 병시중을 하며 5남매를 훌륭하게 키워서 출가시킨 어머니가 있었다. 그녀는 평생을 가족의 그림자로 살았다.

5남매를 출가시키고 남편과 단둘이 남게 되던 해, 시어머니 생신날 찾아뵙지 못하게 된 큰 며느리가 택배로 선물을 보내왔다. 그녀는 반가운 마음에 상자를 열었다. 거기에는 가지런히 정리된 명태 대가리와 쪽지한 장이 들어 있었다.

아범이 어머니는 명태 대가리만 드신다고 해서 좋은 명태 구하느라고 생 좀 했습니다. 잘 손질해서 보내니 맛있게 드세요. 생신 축하합니다.

___ **큰며느리 올림**

나는 이 기막힌 이야기를 듣고 어머니의 배려와 희생을 전혀 헤아리지 못하고 스스로 좋아서 그렇게 살아온 것으로 생각하는 아들이 얼마나 이기적인지, 그런 남편의 말을 곧이곧대로 들은 며느리는 또 얼마나 어리석은지 한탄하며 울분을 토했다. 나아가 불평 한 번 하지 않고 산 그 어머니가 참으로 안타까웠다. 결국, 그 어머니의 인내와 양보, 배려와 희생은 명태 대가리로 돌아온 것이다.

늘 참고, 양보하고, 희생하는 행동이 굳어진 사람은 그 행동에 걸맞은 대접밖에 받을 수 없다. 억울함을 참는 동안 주변 사람들이 '저 사람은 원래 저런 사람'이라고 인식하기 때문이다.

직장에도 그런 억울함 때문에 남몰래 고민하는 사람이 적지 않다. 우선, 팀별로 한 사람씩만 참석하는 회의에 매번 팀 대표로 나가는 회의 전담반이 있다. 그들에게 딱히 할 일이 없는 것도 아니다. 그저 다른 사람들이 그가 하는 일이 덜 중요하다고 생각하고, 그래서 팀을 위해 희생하는 것이 당연하다고 생각할 뿐이다. 그러다 보니 정작 자기 업무는 시간 외근무로 보충해야 한다.

경조사 전담반도 있다. 핵심 인물의 경조사에는 너도나도 앞다퉈 참석하려고 하지만, 그렇지 않은 인물의 경조사를 챙기기 위해 주말에 지방에라도 다녀와야 한다면 누군들 참석하고 싶겠는가. 모두 '총대 메기'를 꺼리며 누군가에게 봉투 하나만 얹으려고 눈치를 살핀다. 이럴 때 꼭 경조사 참석 전담반으로 지목되는 사람들이 있다. 그들은 주말도, 연휴도 제대로 쉬지 못한 채 봉투를 나르느라 바쁘다.

그 외에도 입사한 지 10년이 넘어도 여자라는 이유로 상사의 커피 심부름을 도맡아 해야 하는 사람, 반말이 난무하는 직장에서 수모를 견뎌야 하는 사람, 상습적으로 아이디어를 가로채는 상사나 동료와 일하다가 번번이 승진에서 밀리는 억울한 사람들도 적지 않다. 이들이야말로 남몰래 억울한 사연을 간직한 사람들이다.

억울하면 참지 말고 무엇이 억울한지 구체적으로 말해야 한다. 그래야만 다른 사람들이 그런 속사정을 알고 개선할 수 있다. 실례로, 내게 직격탄을 날린 가해자라도 정작 본인은 그 사실을 모르는 경우가 있다. 물론 "억울하다."라고 하는 순간, 그들이 당황할 수도 있다. 나아가 사과는커녕 왜 이제야 말하느냐며 오히려 당신의 어리석음을 탓할지도 모른다. 남의 입장까지 헤아리고 배려하며 살기에는 다들 너무 바쁘고 경쟁적인 사회에 익숙해져 있기 때문이다. 하지만 당신이 억울함을 호소해야만 가해자건, 목격자건, 다른 사람들이 당신의 억울함을 푸는 일에 힘을 보탤 수 있다.

### 자신을 주어로 억울한 점을 구체적이고 확실히 말하라

억울할수록 대놓고 말해야 한다. 속이라도 좀 시원하게 풀자는 마음에 뒤에서 투덜대는 이들이 더러 있는데, 이는 절대 삼가야 한다. 그것으로 해결되는 문제는 단 하나도 없기 때문이다.

억울함에 맞서라. 억울하긴 하지만 상대와 맞서야 하는 상황이 싫어서 피하다 보면 결국 당신 속만 썩는다. 매 맞는 사람이 아프다고 외치는 것은 당연한 일이다. 조용히 맞고만 있는데 때리는 쪽에서 먼저 매 맞는 아픔을 알아줄 리 없다. 또한, 맞는 모습을 보고 지나간 사람들이 당신의 아픔을 알아줄 거라는 기대 역시 착각에 불과하다. 대부분 사람은 우리가 기대하는 것보다 훨씬 더 타인의 고통에 무지하고 둔감하다. 그러니 억울하다면 확실히 말해야 한다. 또한, 억울함을 호소할 때는 "나는 이러이러한 점이 불편하고 불안하다.", "어떤 상황에서 나는 억울한 기분이 든다."라는 식으로 자신을 주어로 해서 억울한 점을 구체적으로 말해야 한다. 하지만 절대 "누구의 무례함 때문에", "누구의 불공평한 처우 때문에"라는 식으로 다른 사람 탓을 해서는 안 된다. 남 탓을 하는 것은 문제를 해결하는 데 전혀 도움이 되지 않기 때문이다. 오히려 문제를 더 복잡하게 할 뿐이다. 꼭 뭔가를 탓해야만 한다면 사람보다는 상황을 탓하는 것이 좋다. 사람을 탓하면 그것으로 끝이지만, 상황을 탓하면 개선하기 위해 힘을 보태줄 사람들과 함께할 수 있기 때문이다.

# 나를 견제하는 상사를
# 내 편으로 만들기

### 부하 직원을 견제하는 상사들의 공통점

한 기업에서 승진 대상자를 위한 리더십 교육을 한 적이 있다. 강의가 거의 끝날 때쯤 그 기업 연구소에 근무하는 참가자가 다음과 같은 질문을 했다.

"저를 지나치게 의식하고 견제하는 상사와 어떻게 지내는 게 좋을까요? 제가 이번에 승진해서 앞으로는 저를 더 불편하게 대할 것 같은데, 이럴 때 도움 될 만한 방법이 있을까요?"

나는 강의 중에 참가자들에게 질문을 받으면 바로 대답하지 않고 다른 참가자들에게 각자의 의견과 경험을 되묻는다. 심리학자들이 사용하는 자기 공개 효과처럼 서로 공감대를 형성해 참가자들이 경계심을 풀고 속마음을 편하게 털어놓게 하고 싶기 때문이다. 또한, 그렇게 하다 보면 단순하게 생각했던 질문에 여러 가지 사례가 덧붙여지면서 논의가 더욱 풍부해지고, 때로는 참가자들 사이에서 질문과 답이 함께 나오기도 한다.

"당신을 견제하는 상사에게 당신은 어떻게 하겠습니까?"라고 되묻자, 참가자들은 다양한 의견을 쏟아냈다.

"그냥 모르는 척 외면한다."

"상사가 뭐라고 하건 무시한다."

"도대체 왜 그러냐고 따져 묻는다."

"나 역시 그를 견제하고 있음을 행동으로 직접 보여준다."

"부서를 옮겨 달라고 요청한다."

하지만 그것을 실행한 사람은 거의 없었다. 상사를 무시하고 따지고 견제하다가는 어떤 일이 일어날지 뻔하기 때문이다.

그래서 질문을 조금 바꿔 보았다.

"부하 직원을 견제하는 상사들은 어떤 특성이 있을까요?"

그러자 그동안 맺혔던 한이라도 풀어보자는 듯 여기저기서 독한 말이 터져 나왔다. "업무 능력이 없다.", "게으르다.", "상사 눈치만 본다.", "자신이 해야 할 일이 무엇인지 모른다.", "밥만 많이 먹는다.", "왕따다.", "눈치가 없다.", "나설 때와 나서지 않을 때를 구별하지 못한다.", "무슨 일이건 다 참견하고 싶어 한다.", "신경질적이다." 등등.

그즈음에서 나는 마지막 질문을 던졌다.

"그런 상사들의 공통점이 있나요?"

참가자들은 "그렇다"라고 했다. 그들이 지적하는 공통점은 한결같았다. "게으르고, 능력이 없으며, 욕심만 많다."라는 것이다.

사실 상사 평가는 감정이 섞일 여지가 많다. 특히 "상사가 특정 직원을 편애하는 것 같습니까?"라든지 "상사가 당신의 능력을 인정하고 발전할 수 있도록 돕습니까?"와 같이 주관적인 대답을 요구하는 평가라면 더욱 더 그렇다. 그래서 조직 내 갈등 관리를 주제로 강의할 때는 가장 먼저 참가자들에게 갈등의 원인이 개인적인 성격 차이에서 비롯된 것인지, 상사의 무능함 때문인지를 정확히 판단하게 해야 한다. 그런 과정을 통해 참가자들이 무능한 상사라고 생각하는 사람들의 특징은 다음과 같았다.

새로운 것을 배워서 업무에 적용하거나 획기적인 아이디어를 실행에 옮기기에 너무 게으르며, 업무 능력 역시 바닥이 훤히 보일 만큼 부족하다. 굳이 비유하자면 이미 고인 물을 다 빼서 사용했는데, 새로운 물이 유입되지 않아 가뭄에 바닥이 쩍쩍 갈라진 논바닥 같은 상태라고 할까.

부하 직원이 자신과 비교도 안 될 만큼 의욕적이고, 부지런하며, 업무 능력이 탁월할수록 그런 특징이 더욱 두드러졌다. 부하 직원이 곧 자신을 넘어설 것이라는 불안함 때문이다.

### '우리는 한편이며, 당신을 인정한다.'라는 사인을 보내라

어느 조직이건 상사와 부하 직원의 위치가 바뀌는 일은 심심찮게 일어난다. 그러니 더욱 긴장과 경계의 눈으로 부하 직원을 바라볼 수밖에 없다. 문제는 상사가 지나치게 욕심이 많은 경우다. 그런 경우 '저 녀석이 나를 밟고 넘어서기 전에 먼저 제거하자.'라는 나쁜 마음을 가질 수도 있기 때문이다.

이런 상황이라면 부하 직원에게 상사의 지독한 경계심을 푸는 것이 시급한 과제일 수밖에 없다. 그렇다면 어떻게 하면 상사의 경계심을 풀수 있을까. 그 해답은 상사가 경계심을 갖게 된 원인에서 찾아야 한다.

만일 상사가 부하 직원의 눈에 띄는 스펙과 업무 능력을 경계하고 견제하는 것이라면 '우리는 한팀'이라는 말과 함께 그의 능력을 인정해줘야 한다. 무능하고 게으른 상사에게 '우리는 같은 편이며, 나는 당신을 인정한다.'라는 사인을 보내는 가장 좋은 방법은 무슨 일이건 처음부터 함께 의논하는 것이다. 동질감을 확인하고, 뻔한 줄 알면서도 '되묻기'를 통해 상사의 권위를 인정하고 결정권을 부여하면 상사 역시 더는 부하 직원을 경쟁자로 인식하지 않기 때문이다. 아주 사소한 것까지도 그의 경계심이 풀어질 때까지는 귀찮을 정도로 다가가 물어보라. 그런 끈기야말로 자신을 못마땅해하는 상사를 내 편으로 만드는 가장 확실한 방법이다.

# 조건을 따지는 순간
# 관계는 깨진다

### 본전에 집착할수록 관계는 파탄난다

직장 다니며 아이를 낳아 기르다 보면 일하면서 아이를 키우는 것인지, 아이를 키우기 위해 일하는 것인지 혼란스러울 때가 종종 있다. 또한, 아이보다 일에 무게가 더 실릴 때면 괜스레 아이에게 미안한 마음이 들기도 한다. 다른 전업주부 엄마처럼 하루 24시간을 온전히 아이 양육에 전념할 수 없기 때문이다. 육아도 보람 있는 일이긴 하지만, 일을 통해서 느끼는 성취감과 보람 때문에 일을 그만둘 수 없다는 여성들이 이런 고민을 특히 많이 한다.

하지만 일에 대한 애정보다는 육아 비용을 마련하기 위해 계속 일하는 엄마들도 있다. "육아가 사랑으로만 되는 것이냐. 요즘은 돈이 부모 노릇을 하는 시대다."라는 것이 그녀들의 주장이다. 그 때문에 몸이 아무리

고달프고 서러운 생각이 들어도 꾹 참고 직장에 다닌다. 문제는 이렇게 어쩔 수 없이 타의에 의해 일하는 경우 시간이 흐를수록 '본전' 생각이 난다는 것이다. '내가 네게 들인 돈이 얼만데…'라는 생각이 싹트며, 자기가 열심히 일해서 사준 비싼 장난감과 책을 방치하는 아이에게 섭섭함을 느끼는 것이다.

워킹맘이라면 일을 그만두지 않는 한 일도 하고 아이도 키워야 하는 것이 엄연한 현실이다. 육아와 직장생활을 함께 해야 하는 것이다. 그런데 그런 상황에서도 무게 중심을 어디에 두느냐에 따라 마음속에서는 아이에 대한 미안함이 자라나기도 하지만 화가 자라기도 한다. 중요한 것은 미안함 역시 건강한 관계에 도움이 되진 않지만, 화는 치명적인 영향을 미친다는 것이다. 미안함이 '내가 네게 더 많은 것을 해줘야 했는데'서 오는 것이라면, 화는 '내가 네게 얼마나 많은 것을 해줬는데'서 시작한다. 또한, 미안함이 '면목 없다'로 끝나는 반면, 화는 "네가 어떻게 나한테 그럴 수 있냐?"는 원망으로 끝맺는다.

아이가 건강한 성인으로 성장하려면 엄마와의 애착 관계가 매우 중요하다. 아이에게 정서적 안정감을 주려면, 엄마는 어떤 일이 있어도 자신을 버리지 않을 사람, 세상에서 가장 믿을 수 있고, 자신을 가장 사랑하는 사람이어야 한다. 그런데 '내가 네게 이렇게 많은 것들을 해줬으니 그만큼 성공해야 한다.'는 식으로 아이에게 부채 의식을 느끼게 하면, 아이는 엄마의 '조건 있는 사랑'에 불안과 부담감을 느끼게 된다. 그 결과, 애착 관계는 당연히 깨질 수밖에 없고, 엄마의 희생에 대해 고마움은커녕 원망만 자라게 된다. 하지만 양육하면서 본전 생각을 하는 게 당연히 잘못된 것으로 생각하면서도 여전히 아이에게 그런 부담을 주는 엄마들이 적지 않다. 이에 대해 '힐링 전도사' 혜민 스님은 이렇게 말한 바 있다.

"부모는 자신의 욕심, 결핍을 아이에게 투시하려고 한다. 물론 그렇게 하지 않는 게 좋지만, 그게 쉽지 않다는 것이 문제다. 그럴 때는 부모의 행복부터 찾는 것이 중요하다. 아이를 위해 부모가 해줄 수 있는 가장 큰 선물은 부모 스스로 행복해 하는 것이다. 아이는 어릴 때부터 엄마의 무드가 어떤지 눈치를 보기 때문에 엄마가 행복하면 아이들도 행복해지고 자존감이 높아진다."

### 본전 생각일랑은 아예 잊어라

피를 나눈 가족 간에도 본전 생각은 불행을 자초한다. 그런데 피 한 방울 섞이지 않은 남남 사이에는 오죽하겠는가.

불평, 불만, 원망, 하소연을 달고 사는 사람들을 보면 하나 같이 '본전' 생각에 사로잡혀 있음을 알 수 있다. 하지만 조금만 생각해보면 우리가 좋아하는 사람들, 오랜 시간이 지나도 기억에 남는 사람들, 언젠가 다시 꼭 만나고 싶은 사람들은 하나 같이 자신이 들인 본전이 어떻게 되고 있는지 궁금해하지도 않을뿐더러 그것에 집착하지 않는다. 첫 직장에서 자신의 노하우를 모조리 전수해줬던 선배! 그에게서 배운 노하우를 발전시켜 이직에 이직을 거듭한 결과, 지금은 그 선배보다 두 배나 높은 연봉을 받는 자리에 올랐다. 그런데 5년 만에 우연히 만난 선배는 "내 덕에 잘 나가는 놈이 연락도 없으니 배은망덕하다."라며 원망하거나 따지지 않는다. 오히려 청출어람이라며 어깨를 두드려줄 뿐이다. 가난했던 학창시절, 어려운 가정 형편을 알고 몰래 학비를 대신 내주었던 선생님 역시 마찬가지다. 졸업 후 20년 동안 한 번도 찾아뵙지 못했지만, 해마다 스승의 날이면 선생님을 떠올리며 가슴이 따뜻해지곤 한다. 바로 이런 사람들 덕분에 인생은 힘들어도 살 만한 가치가 있는 것이다.

사사건건 본전을 생각하다 보면 모든 일을 하나하나 계산하며 따지게 된다. 더욱이 당장 본전을 되찾고 싶은 조급함이 앞선다면 장기적인 관점에서 분명히 도움이 되는 일 역시 잃을 수 있다. 사람 관계라는 것이 내가 먼저 좋은 마음을 베풀면 언젠가는 나 역시 배려를 받게 된다. 그러나 주는 사람이 '언젠가 꼭 돌려받을 거야.'라는 마음으로 친절을 베풀면 사람을 얻으려던 행동이 사람을 잃는 원인으로 변할 수 있다. 그리고 그런 일이 반복되면 자신이 세워놓은 주고받기의 기준에서 벗어난 세상 사람들을 모조리 적으로 간주하게 된다.

본전 생각에 집착하다 보면 될 일도 안 될뿐더러 원망하는 마음만 자라게 된다. 그러니 본전 생각일랑은 아예 잊는 것이 좋다. 잊고 지내다가 생각지도 못한 것을 돌려받게 되면, 그것이 비록 작고 보잘것없을지라도 적지 않은 만족을 얻을 수 있기 때문이다.

# 신데렐라 곁에
# 착한 사람이 없는 이유


### 똑똑한 사람 옆에 있는 것이 불편한 이유

사회 비교 이론<sup>Social comparison Theory</sup>에 의하면, 대부분 사람은 자기 능력과 태도를 정확하게 평가받고 싶어 한다. 이에 자기와 유사한 타인과의 비교를 통해 자기 능력과 태도를 평가하곤 한다. 그렇게 해서 자신이 더 우월하다고 판단되면 자긍심이 높아지고, 비교 대상보다 못하다고 판단되면 자긍심이 낮아진다. 예컨대, 예쁜 여자나 돈 많고 능력 있는 남자와 함께 있다 보면 왠지 모르게 주눅이 들고 점점 상대의 눈치를 살피게 된다. 더욱이 다른 사람들이 그들을 칭찬하거나 잘 보이기 위해 애쓰는 모습이라도 보게 되면 더더욱 그 사람과 함께 있는 것이 불편하고 이유 없이 거리를 두게 된다. 사람은 누구나 남에게 자신의 존재를 인정받고 싶은 심리가 있기 때문이다. 이를 '자기과시 욕구'라고 한다.

인간은 본능적으로 자신의 아름다움, 재력, 권력, 인맥 등을 은근히 자랑하고 싶은 욕망과 타인의 경쟁력을 은근히 깎아내리고 싶은 욕망이 있다. 동화《신데렐라Cinderella》가 그 대표적인 예다.

신데렐라는 어린 시절 엄마를 잃고 계모 슬하에서 자랐다. 그것만 생각하면 신데렐라는 가엾은 아이가 분명하다. 하지만 계모와 의붓언니들의 동정과 애정을 구하기에는 지나치게 예뻤다. 만일 신데렐라가 그처럼 예쁘지 않았다면, 그래서 새엄마와 의붓언니들이 보기에 엄마도 없는 여자애가 못생기기까지 해서 측은지심을 불러일으켰더라면, 과연 그렇게 심한 구박을 받았을까. 신데렐라가 계모와 의붓언니들의 미움을 산 이유는 그들이 감히 따라잡을 수 없는 아름다움과 고운 마음씨를 가졌기 때문이다. 낡은 옷을 입고, 궂은일을 시켜도 절대 사라지지 않는 아름다움이 그녀를 더 괴롭히게 만든 것이다.

### 지나친 자기 과시는 열등감의 표출에 지나지 않는다

신데렐라처럼 예쁘고 고운 마음을 갖고 있지 않아도 우리는 얼마든지 주위에서 계모나 의붓언니를 만날 수 있다. 또한, 자기 자신이 때때로 계모나 의붓언니가 되기도 한다. 예컨대, 구직 중인 친구에게 상사에게서 받은 스트레스를 풀거나 유능한 동료 곁에서 느끼는 초라함 및 신상품 개발에 대한 압박감 등을 털어놓으며 차라리 직장에 다니지 않는 게 마음 편하다고 이야기하는 것이나, 아이가 없는 친구에게 직장에 다니며 아이를 키우는 어려움과 육아에 대한 남편의 무관심을 얘기하는 것, 가까스로 보증금을 마련해서 월세를 벗어난 후배에게 부동산 경기 침체로 분양받은 아파트의 임대수입이 줄었다는 걱정을 늘어놓는 것은 '은근한 자랑'으로 밖에 보이지 않는다.

기쁜 일이 있을 때, 걱정거리가 생겼을 때 가까운 사람과 그것을 함께 하고 싶은 마음은 지극히 자연스러운 일이다. 하지만 상대의 처지를 헤아리는 마음 없이 일방적인 우월감만을 느끼려고 한다면 진심 어린 위로는 물론 축하 역시 받을 수 없다.

# PART 4

## 셀프 리더십

‖‖‖‖‖‖‖‖‖‖‖‖‖‖‖‖‖‖‖‖‖‖‖‖‖‖‖‖‖‖‖‖‖‖‖‖‖

## 불확실성의 시대! 답은 내 안에 있다

• • •

---

자기 이름을 당당히 외쳐라.

그 첫걸음은 자신을 있는 그대로 바라보고,

사랑하며, 인정하는 것이다.

타인의 시각과 사회적 기준에 비추어

자신을 억지로 맞춰 나가는 것이 아니라

자신의 꿈과 욕망, 그리고 진정한 자아와 만나

행복한 대화를 시작하는 것이야말로

진정한 셀프 리더십의 출발이다.

그런 점에서 지금의 당신도 충분히 괜찮다.

__ '지금 그대로도 충분히 괜찮다' 중에서

# 지금 그대로도
# 충분히 괜찮다

### 〈내 이름은 김삼순〉에 열광한 이 시대의 삼순이들

리더십에 관해 강의하고 글을 쓰다 보니 만나는 사람, 소속된 조직, 사람들 사이의 관계를 '리더십 렌즈'로 보는 습관이 생겼다. 그렇게 해서 얻은 사례들이 강의나 글의 소재가 되기도 하니 굳이 나쁜 습관은 아니다. 실제로 영화나 드라마, 소설 속 인물들의 리더십 유형과 행동을 분석하는 것은 공감대 형성도 쉬울 뿐만 아니라 특정 집단이나 계층을 대표하는 전형적 인물과 만날 수 있는 장점이 있다.

'삼순이' 역시 그렇게 해서 만난 인물이다. 대한민국 여성들의 삶을 뒤흔들었던 〈내 이름은 김삼순〉이라는 드라마의 주인공 김삼순. 그녀는 대한민국 여성들을 울리고, 웃기며, 달래고, 위로했다. 도대체 그녀의 무엇이 그토록 많은 여성의 마음을 사로잡은 것일까.

그녀는 주인공이지만 주인공 같지 않았다. 그녀는 예쁘고, 날씬하고, 착하기만 한 주인공이 아니라 통통한 몸매에 어떤 때는 예뻐 보이고, 어떤 때는 얄밉게 보이는 외모를 갖고 있었다. 화가 날 땐 버럭버럭 소리 지르고, 울고 싶을 때는 마스카라가 다 번지도록 엉엉 울었으며, 날씬한 여자들을 대놓고 질투하기도 했다. 사실 파티시에로서의 그녀는 유학파 출신으로 탁월한 실력도 갖췄고, 근성도 있었다. 한마디로 선천적인 장점은 부족했지만, 후천적인 노력으로 얻을 수 있는 것은 포기하지 않고 얻어내는 우리와 매우 닮은 캐릭터였다. 그런 이유로 삼순이에게 열광했던 여성들은 하나같이 이렇게 말하곤 했다.

"삼순이를 보면 꼭 나를 보는 것 같아."

전혀 삼순이 같지 않은 내 친구 역시 딱 한 번 그 드라마를 보고는 자신이 삼순이 같다며 유쾌하게 웃었다.

그렇게 많은 여성이 삼순이를 통해 이 시대를 사는 자신의 모습을 봤다. 실례로, TV 밖 삼순이들이 현실의 두꺼운 벽을 깨닫고 서서히 자신감과 꿈을 잃고 좌절의 터널로 들어서려던 찰나, 드라마 속 삼순이는 좌절의 문턱에서 당당하게 돌아서곤 했다. 그것이 현실의 삼순이들을 더욱 자극했고, 그녀에게 열광하게 했다.

삼순이에게는 사람들을 행복하게 하는 파티시에가 되겠다는 소박한 꿈이 있었다. 그리고 처음 사랑을 해보는 사람처럼, 상처로 아파 본 적 없는 사람처럼 순수하게 하루하루를 열심히 살고자 하는 소망이 있었다. 그리 대단해 보이지 않는 소박한 꿈일 수도 있다. 그러나 우리 사회에서 20대를 지나 30대와 마주한 여성이라면 그 소박한 꿈마저 쉽게 이루기 어렵다는 사실을 경험으로 이미 알고 있다. 게다가 삼순이라는 이름이 이미 모든 것을 설명하고 있지 않은가. 그 이름은 이 사회에서 일과 사랑, 어느 쪽에서도 성공할 가능성이 거의 없는 이미지를 대변하고 있다. 이에 그녀 역시 '김희진'이란 이름으로 개명을 고민하기도 하지만, 결국 '김삼순'으로서 당당하고 행복한 성공의 길을 찾는 데 성공한다. 때로는 억세게 부딪혀서 싸우고, 때로는 바보같이 자신의 이익을 모두 양보하고, 또 때로는 주저앉아 울기도 하면서 말이다.

자신의 꿈이 부질없는 욕심으로 그치지 않고 현실이 되도록 그녀는 열심히 울고, 웃고, 일하고, 사랑했다. 치열하게, 그러나 언제나 그녀만의 방법으로 말이다.

### 타인의 시각에 자신을 억지로 맞출 필요 없다

자기 자신이 너무 평범해서 그것이 단점이라고 생각하는가? 하지만 평범함 쯤은 괜찮다. 평범하다 못해 존재감마저 없는 것이야말로 더 큰 문제이기 때문이다. 예컨대, 어제 회식 자리에서 분명히 끝까지 남았는데도 오늘 아침 상사가 당신을 보며 "어제 회식에 왜 안 왔어? 뭐 바쁜 일이라도 있었어?"라고 한다면 심각하게 거취를 고민해봐야 한다. 그 정도로 존재감이 없다면 구조조정 1순위가 될 수도 있기 때문이다. 존재감이 없는 사람과 어느 누가 함께하고 싶겠는가. 하지만 그저 남 앞에 나서는 것을 좋아하지 않는 정도라거나, 유머 감각이 없어서 분위기를 즐겁게 끌어가는 방법을 모른다거나, 말재간이 없어서 어제 본 드라마 줄거리를 설명하는 것이 서툴다거나, 전혀 튀지 않는 외모여서 헤어스타일을 바꿔도 남들이 못 알아보는 정도라면 일부러 문제 삼아 괜한 고민을 하나 더 늘릴 필요 없다. 만일 앞에 나서는 게 부담스럽다면 기획서나 보고서를 더 잘 쓰면 되고, 유머 감각이 없다면 남들이 웃을 때 같이 웃을 수 있는 정도면 되며, 말재간이 없으면 다른 사람 이야기를 잘 들어주면 된다.

이렇듯 생각을 조금만 바꾸면 평범함 역시 얼마든지 지금 그대로도 괜찮다. 여성들이라면 누구나 하나쯤 갖고 싶어 하는 '샤넬CHANEL' 창업자 코코 샤넬Coco Chanel은 이렇게 말한 바 있다.

"우리가 대단한 사람이 아닌 보통 사람임을 선택할 때 얼마나 많은 걱정이 사라지는가!"

여성성과 패션의 대명사인 그녀조차 평범함의 매력을 극찬했다는 사실을 명심하기 바란다.

자기 이름을 당당히 외쳐라. 그 첫걸음은 자신을 있는 그대로 바라보고, 사랑하며, 인정하는 것이다. 타인의 시각과 사회적 기준에 비추어 자신을 억지로 맞춰 나가는 것이 아니라 자신의 꿈과 욕망, 그리고 진정한 자아와 만나 행복한 대화를 시작하는 것이야말로 진정한 셀프 리더십의 출발이다. 그런 점에서 지금 그대로의 당신도 충분히 괜찮다.

내 안의
'투덜이 스머프' 다스리기

**투덜이에게도 기회는 반드시 온다**

〈개구쟁이 스머프The Smurfs〉라는 애니메이션이 있다. 파랗고 귀여운 난쟁이 스머프들과 그런 스머프들을 괴롭히는 멍청한 악당 가가멜, 그리고 그의 고양이 아지라엘이 나오는 꽤 유명한 TV 만화 시리즈로 1958년 벨기에 만화작가 페요Peyo가 만화책으로 출간한 후 1981년 미국에서 제작, 방송된 이래 30개국 이상에서 방송되며 전 세계적으로 크게 사랑받았다.

내가 이 만화를 좋아하는 이유는 에피소드 자체도 무척 재미있지만, 스머프들의 캐릭터 하나하나가 생생하게 살아 있기 때문이다. 특히 이름만으로도 캐릭터의 성격을 단번에 알 수 있을 만큼 개성이 강하다. 편리, 덩치, 똘똘이, 투덜이, 조화 등등.

스머프들은 언제나 단체 행동을 한다. 그 때문에 조직 생활의 단면을 적나라하게 보여주는 훌륭한 사례로 활용하기도 한다. 각각의 캐릭터가 분명한 스머프들은 문제가 생기면 그것을 해결하기 위해 다 같이 모여 각자의 의견을 내놓는다. 그러다가 모두 찬성하는 해법이 나오면 또 다 같이 행동에 옮길 준비를 한다. 그때마다 빠지지 않는 투덜이의 한마디, "난 그런 거 싫어!" (사실 투덜이 스머프의 대사 대부분이 바로 이 말이다) 일순간 분위기는 싸늘해지고, 장면이 바뀌면서 누군가가 투덜이를 설득하거나 달래느라 진을 뺀다. 그래도 안 되면 투덜이를 강제로 끌고 가서 동참시키거나, 투덜이만 남겨둔 채 모두 자리를 떠나 버린다.

사실 어느 조직이건 '투덜이'는 있다. 어쩌면 우리 자신일 수도 있고, 우리가 지독히 싫어하는 사람일 수도 있다. 조직의 관점에서 볼 때 투덜이의 존재가 반가울 리 없다. 특히 다양한 의견(다양성)이 존중되기보다는 일사불란한 움직임(획일성)을 효율적이라고 생각하는 조직이라면 더욱더 그렇다.

사적인 관계에서도 투덜이는 그다지 유쾌한 존재가 아니다. 매사에 "이건 싫어", "그건 못해", "저건 나빠"라고 투덜대기만 하니, 어느 누가 좋아하겠는가. 그런데 얼마 전, 나는 정말 유쾌하고 낙천적인 투덜이를 만났다. 그는 어디에서나 불평불만으로 가득한 자신의 습관 때문에 언제나 새로운 일을 찾아야 했는데, 얼마 전 적성에 딱 맞는 일을 찾았다며 매우 즐거워했다. 그가 시작한 일은 바로 '소점포 서비스 개선 컨설팅'이었다.

미용실이나 음식점, 찜질방 등 우리가 일상적으로 찾는 업소에서 한두 번쯤 불편을 겪지 않은 사람은 없을 것이다. 하지만 대부분은 거기서 그치고 만다. 그런데 그는 거기서 한 걸음 더 나아가 업소 주인에게 불편과 불만 사항을 직접 이야기했다. 고객의 시각에서 업소의 문제점을 적나라하게 얘기한 것이다. 그런데 업주의 반응이 다소 의외였다. 투덜이의 '투덜거림'을 오히려 반가워하며 조금 더 전문적인 조언을 원했기 때문이다. 그러자 투덜이는 평소 단련했던 자신의 재능을 마음껏 살리면서 즐거운 마음으로 불편 사항을 이야기했다. 그리고 그의 이야기를 다 듣고 난 업주는 큰 비용을 요구하는 전문가의 컨설팅보다 훨씬 도움이 된다며 매우 만족해했을 뿐만 아니라 주변 상인들에게 입소문까지 내주었다. 훌륭한 투덜이가 있다면서 말이다. 그 결과, 투덜거림을 재능 삼아 뜻하지 않게 창업까지 하게 되었다.

### 내가 아니면 보지 못했을 것을 보게 하라

사실 우리는 크건, 작건 간에 자기 안에 '투덜이'를 담고 산다. 어떤 사람들은 그것을 애써 누르고 감추며 아무에게도 보이지 않기 위해, 심지어는 투덜이의 존재를 부정하면서 인고의 세월을 보내기도 한다. 반면, 수시로 투덜이가 튀어나오는 것을 굳이 막지 않고 드러내 보이는 사람도 있다. 그러다 보니 때로는 참아야 하는 상황에서조차 마구 튀어나오는 투덜이를 주체하지 못해 난처한 상황에 부딪히기도 한다.

당신의 '투덜이'는 어떤 모습으로, 어떻게 살고 있는가? 투명 인간처럼 있는 듯 없는 듯 조용한가? 아니면, 제법 크게 자리 잡고 시끄럽게 떠드는가? 작건, 크건, 감추려 애쓰건, 마음껏 드러내건, 자기 안의 투덜이를 관리한다는 건 절대 쉬운 일이 아니다.

투덜이 관리의 핵심은 감추려고 애쓰느냐, 마음껏 드러내느냐가 아니다. 감추려 할 때도, 꺼내 놓으려 할 때도 결과적으로 스트레스를 유발하기 때문이다. 그 핵심은 '투덜이를 어떤 일에, 어떻게 활용하는가.'에 있다. 즉, 어떤 일에 투덜이를 가두고, 어떤 일에 투덜이를 꺼내 놓느냐가 투덜이 관리의 핵심인 것이다. 만일 자기 안의 투덜이를 잘 관리할 수 있다면 투덜이에게도 기회는 반드시 온다.

필요는 발명의 어머니라고 하듯, 의심과 부정은 변화와 발전의 시작이다. 헤겔Georg Wilhelm Friedrich Hegel의 변증법이 말하는 삼단논법 역시 그 시작은 투덜거림이라고 해도 과언이 아니다. 프랑스 영화감독 로베르 브레송Robert Bresson은 "당신이 없었으면 보이지 않았을 것을 보이게 하라."고 한 바 있다. 이보다 절묘한 투덜이를 위한 변명은 없을 것이다.

당신이 투덜거리지 않으면 아무도 모르는 문제를 세상 밖으로 꺼내라. 그것이 음식점의 작은 불편이건, 조직의 부조리건 상관 없다. 당신이 제때 잘 투덜대기만 해도 우리 삶에 즐거운 변화가 생길 것이다.

# 유연할수록
# 더 강해진다

**원칙에 집착할수록 고정관념에 빠지기 쉽다**

아이가 어렸을 때의 일이다. 아이와 함께 서점에 갔다가 서점 한 귀퉁이에 있던 취미 분야로 발걸음을 옮겼다. 그런데 그때 아이의 시선이 큼지막한 공룡 그림에 가서 꽂혔다. 그 그림을 본 순간, 아이의 눈빛은 반짝 빛났다. 마치 '내 것'이라는 듯. 문제는 그것이 다섯 살 아이에게는 다소 버거운 100조각짜리 퍼즐이었다는 것이다. 하지만 나는 아이의 능력과 의지를 시험해볼 양으로 흔쾌히 그것을 사주었다.

그 후 신나서 집에 돌아온 아이는 곧바로 퍼즐을 맞추기 시작했다. 하지만 역시나 버거웠는지 곧 힘들어했다. 그 모습을 본 나는 나만의 퍼즐 맞추기 노하우를 아이에게 아낌없이 전수해 주었다.

"가장자리부터 맞춰서 안으로 들어가는 거야. 퍼즐은 단서를 찾으면서 조각조각을 맞춰 연결해 나가야 하는데, 가장자리 조각은 한쪽 면이 직선으로 되어 있거든. 그리고 글씨가 있다면 글씨부터 맞추는 것도 좋은 방법이야."

'가장자리부터, 글씨가 있는 부분부터!'

아이는 내가 가르쳐준 노하우에 감탄하며 그 후 단 한 번의 예외도 없이 가장자리, 모서리, 글씨 부분부터 퍼즐을 맞춰 나갔고, 아이를 통해 학습 효과를 확인한 나는 매우 흐뭇한 표정으로 아이를 바라보곤 했다.

그러던 어느 날, 나는 아이가 그 순서에 집착한 나머지 정확한 위치를 알고 있는 퍼즐 조각도 가장자리가 아니면 절대 먼저 맞추지 않는다는 사실을 알게 되었다. 아이에게 자신이 학습한 원칙에서 벗어나면 쉬운 방법도 좋은 방법이 아니라는 고정관념이 생긴 것이다. 하지만 퍼즐을 맞추는 데 원칙을 고수할 필요가 없다는 것을 아이가 이해하고 받아들이기까지는 꽤 오랜 시간이 필요했다.

**좋은 각본일수록 상황에 맞춰 변해야 한다**

회사에도 자기 생각과 원칙만 고수하는 이들이 종종 있다. 실례로, 어떤 팀장은 미리 답을 정해놓고 회의를 한다. 일단 돌아가며 의견을 말해보라며 발언 기회를 주지만, 결국은 자신이 듣고 싶은 말만 골라서 듣고, 그것을 꿰맞춰서 결과를 정리한다. 이미 내려져 있는 결론에서 벗어난 의견들은 애초에 들을 생각조차 없다. 과연, 이런 회의에서 참신한 아이디어가 나올 수 있을까.

자신만의 회식 문화를 20년 동안 고수한 부서장도 있다. 그는 회식은 무조건 삼겹살에 소주로 시작해야 한다고 고집한다. 단, 비가 내리는 날은 예외적으로 삼합에 막걸리로 메뉴를 변경한다. 회식 자리에서는 술잔을 꼭 한 번씩 돌려야 하고, 2차까지는 전 직원이 무조건 참석해야 한다. 2차는 호프집에서 생맥주를 마신 후 노래방으로 이동하는데, 이때 신입사원들은 무조건 신곡을 한 곡씩 불러야 한다. 노래방에서 한 시간 정도 노래를 부르고 난 뒤에는 집에 갈 사람과 한 잔 더 할 사람으로 나뉘는 게 허락된다. 그리고 마지막까지 남는 사람에게는 특별한 애정을 담은 폭탄주를 한 잔씩 돌리고, 받은 사람은 그걸 단번에 비워야 한다.

문제는 많은 사람이 팀장의 회식 방식에 불만을 품고 있지만, 그 누구도 툭 터놓고 얘기하지 못한다는 것이다. 팀 문화를 이해하지 못한다는 소리를 듣기 십상이기 때문이다. 이에 대해 팀장은 자신이 처음 출근해서 배웠던 회식 문화를 지키고 있을 뿐이라고 강변한다. 과연 이런 팀장과 주기적으로 회식을 해야 한다면 어떤 기분일까.

돌이켜 보면, 나 역시 누군가의 메일을 읽고 나서 혹은 전화 통화 후 갑자기 화가 치밀어 오른 적이 여러 번 있다. 누군가를 만나고 돌아올 때, 회의를 마쳤을 때 역시 마찬가지다. 지금 생각해보니 당시 나를 화나게 했던 사람들에게는 공통점이 있었다. 바로 자기 생각만을 고집한다는 것이다. 만일 당신을 화나게 하는 사람이 있다면 그를 유심히 살펴보라. 분명히 자신이 정해놓은 각본만 고집하며 당신을 시험하고 있을 것이 틀림없다.

혹시 당신 역시 어떤 상황에서건 절대 고수해야 하는 고정불변의 원칙을 갖고 있지는 않은가? 아무리 좋은 각본도 상황이 변하면 그에 맞춰 유연하게 변화해야 한다. 각본은 각본일 뿐, 그 어떤 각본도 불변의 진리일 수는 없기 때문이다.

# 잘 버티는 것도
# 능력이다

### 집요함과 끈기가 큰 차이를 만든다

"천재는 1%의 재능과 99%의 노력으로 만들어진다."

이 말을 처음 들은 것은 아주 어렸을 때였다. 토머스 에디슨<sup>Thomas Alva</sup> <sup>Edison</sup> 위인전인지, 부모님 말씀이었는지는 잘 기억나지 않지만, 나는 그 말을 절대 믿지 않는 맹랑한 아이였다. 그 말에 동의하지 않는 나름의 확실한 근거가 있었기 때문이다.

모차르트<sup>Wolfgang Amadeus Mozart</sup>의 생애를 담은 영화 〈아마데우스<sup>Amadeus</sup>〉가 있다. 영화에서 묘사했던 모차르트와 그의 라이벌 살리에르<sup>Antonio Salieri</sup>의 극명한 대조는 내게 '노력만으로는 절대 재능을 넘어설 수 없다.'라는 확신을 하게 했다. 그 결과, 그때부터 '재능 없는 일은 애초에 노력할 필요가 없다.'라는 나름의 신조를 지니게 되었고, 노력하지 않고 처음부터 포기했던 일에 관해서는 절대 미련을 갖지 않았다. 하지만 고백건대, 때로는 하기 싫은 일에 대해 소질이 없다고 스스로 단정하며 열심히 하지 않는 것에 대한 변명으로 삼기도 했다.

지금도 나는 '노력만으로는 재능을 넘어설 수 없다.'라는 말에 동의한다. 왜냐하면, 재능 있는 사람들은 '재능' 때문에라도 그 일에 더 집중할수밖에 없기 때문이다. 재능 있는 일은 당연히 남보다 잘하게 마련이다. 또한, 거기에는 칭찬이라는 달콤한 보상이 따른다. 나아가 칭찬은 그 일에 더욱 집중하는 힘으로 작용하니, 선순환이 반복된다. 그러니 재능 없이 무조건 열심히만 하는 사람이 타고난 재능에 노력을 더하는 사람을 따라잡을 수 없는 것은 당연하다. 그나마 평범한 사람들이 가질 수 있는 위안이라면 노력으로 넘어설 수 없을 만큼 뛰어난 능력의 소유자는 극소수에 불과하다는 것이다.

일본의 '경영의 신'이라 불리는 마쓰시타 고노스케松下幸之助는 그와 관련해서 이렇게 말한 바 있다.

"사람의 재능은 다 거기서 거기다. 차이는 집요함과 끈기에서 만들어진다."

로마 시대 철학자 세네카Lucius Annaeus Seneca 역시 비슷한 말을 했다.

"물러서지만 않으면 반드시 성공할 수 있다."

### '최초'라는 타이틀을 가진 여성들의 성공 비밀

'한국 사회에서 여성 임원으로 산다는 것'에 관한 연구를 한 적이 있다.

당시 현직 임원으로 있던 수많은 여성 관리자들과 인터뷰를 했는데, 누구에게나 꼭 했던 질문 중 하나가 '임원까지 올라갈 수 있었던 비결'에 관한 것이었다. 사실 나는 그 질문을 통해 뭔가 특별한 노하우가 나오기를 기대했다. 예컨대, 인간관계를 잘하는 법, 업무성과를 올리는 법, 상사에게 인정받는 법, 일하면서 아이를 잘 키우는 법, 경력 관리 노하우 등 다른 사람은 모르는 자신만의 특급 노하우나 특별한 비법을 기대했다. 그런데 그들이 들려준 얘기는 너무도 단순했다. 거의 예외 없이 공통으로 했던 대답은 바로 '잘 버텼기 때문'이라는 것이었다.

그녀들이 직장생활을 시작했던 1970년대와 1980년대 초반은 여러 면에서 지금과는 크게 달랐다. 명문대를 졸업하고도 직장생활을 하는 여성은 손에 꼽을 정도였고, 그나마 결혼과 출산 후에는 대부분 가정으로 돌아갔다. 남자는 바깥일(직장), 여자는 가사와 양육(가정)이라는 성별 분업에 대한 강한 고정관념 탓에 능력을 갖춘 여성들도 결혼 후에는 가정일에만 전념하는 것이 당연하게 여겨졌기 때문이다. 그러다 보니 큰 기업에서조차 회사일과 가정일을 병행하는 여성 직원에 대한 배려가 거의 없었다. 그러니 그런 시절에 아이를 낳고도 직장을 계속 다니던 여성을 보는 눈은 어땠겠는가. 직장생활을 계속해야만 하는 이유와 상관없이 그녀들은 '드센 여자'로 통했다. 결혼했으면 남편이 처자식을 벌어먹이는 것이 당연한데, 남편이 무능해서 '아내가 돈을 벌어야 하는 것'으로 알아서 해석했기 때문이다.

일에 대한 열정 탓이건, 일이 재미있어서건, 경제적인 홀로서기를 위해서건, 남편의 늦은 공부를 뒷바라지하기 위해서건, 가족 부양을 위해서건, 어떤 이유로건 가정으로 돌아가지 않고 일터에 남은 여성들은 자기 자리를 지키기 위해 전투적으로 버티기와 굳히기에 돌입해야만 했다. 단지 여자라는 이유만으로 힘겹게 버텨야 하는 인고의 시간을 가졌던 것이다. 그 결과, 업계 최초, 사내 최초의 여성 임원이라는 자랑스러운 수식어를 이름 앞에 달게 되었다.

## 진정한 버티기의 세 가지 조건

버티기의 모범답안을 보여주는 역사적 인물은 지금도 광화문 한복판에 떡 하니 버티고 서 있는 이순신 장군이 아닐까 싶다. 장군은 스물여덟에야 처음 치른 무과시험에서 보기 좋게 낙방했다. 하지만 말에서 떨어져 다리가 부러졌는데도 고통을 참아가며 끝까지 시험을 치렀다. 그리고 몇 년 후, 재도전 끝에 무과에 합격한 장군은 여러 관직을 거쳐 전라 좌수사가 되어 남해를 지키던 중 일본의 수상한 움직임을 눈치채고 군사를 훈련하고, 새로운 무기인 거북선을 만들었다.

장군은 누가 뭐라고 해도 필요하고 옳다고 생각하는 일, 그래서 꼭 해야겠다고 마음먹은 일은 어떤 반대에 부딪혀도 끝까지 버티면서 해냈지만, 그 와중에 억울한 누명을 쓰고 옥고를 치르기도 했다. 그러던 중 아들 걱정에 몸이 상한 장군의 어머니가 세상을 떠났고, 감옥에서 풀려난 장군은 권율 장군 휘하에 들어가 백의종군했다. 다행히 누명을 벗고 복귀한 후에는 명량해전에서 겨우 열두 척의 배로 왜군을 격파했고, 노량대

첩에서는 자기 죽음을 적에게 알리지 말라고 외치며 마지막 순간까지 조선의 바다를 지켰다.

이렇듯 장군의 파란만장한 삶은 우리에게 버티기의 모범답안이 무엇인지 명확히 보여준다. 그렇다면 진정한 버티기란 과연 무엇일까. 장군이 말하는 진정한 버티기가 갖춰야 할 세 가지 조건은 다음과 같다.

첫째, 생생한 현장 경험을 바탕으로 미래를 내다보는 지혜와 혜안을 쌓아야 한다. 지혜, 지식, 전망에 근거하지 않은 버티기는 아무 의미 없는 소모전이 될 뿐이다.

둘째, 자기 결정에 대한 강한 확신과 신념이 있어야 한다. 자기 자신에 대한 확신, 옳은 일을 하고 있다는 믿음, 자기 결정에 대한 확고부동한 신념이 있어야만 시련과 좌절에 굴복하지 않고 버티기의 힘을 발휘할 수 있기 때문이다.

마지막으로, 어떤 위기나 시련에도 중심을 잃지 않고 버티는 용기와 배짱이 있어야 한다. 잘 버티는 사람일수록 용기 있는 사람이다. 때로는 미련하다며 손가락질받기도 하지만, 지혜와 신념을 갖고 있기에 언젠가는 능력을 입증할 날이 반드시 온다.


인생은 단거리 경주가 아닌 마라톤이다. 진부하게 들릴지도 모르지만, 버티기 달인들의 삶에는 그 이상 진리가 없다. 마지막에 웃는 사람이 누구인지, 누가 승자인지는 끝까지 뛰어봐야 안다. 그러니 마지막에 웃고 싶다면 일단 끝까지 뛰어야 한다. 만일 지금 몸담은 직장이 모든 것을 걸고 승부를 내고 싶은 곳이라면, 또는 어쩔 수 없이 승부를 걸어야 하는 상황이라면 비록 힘들고 고통스럽더라도 끝까지 버텨라. 힘들다고 해서 포기하면 마지막에 웃는 승자의 여유를 누릴 기회는 절대 오지 않는다.

# 양자택일의
# 함정에서 벗어나라

### 양자택일에 정답은 없다

"엄마가 좋아, 아빠가 좋아?"

어린아이들에게 이런 질문을 하고 대답을 기다리는 어른들의 얄궂은 눈빛처럼 세상이 둘 중 하나를 택하라고 강요하는 순간이 더러 있다. 부부싸움을 한 엄마가 "엄마랑 살래, 아빠랑 살래?"라고 묻거나, 아내가 남편에게 "당신, 나랑 살 거야, 당신 엄마랑 살 거야?"라고 다그치거나, 더 나은 조건의 이직 기회를 얻은 당신에게 상사가 "나 믿고 여기 있을래, 나 배신하고 떠날래?"라며 은근히 압박할 때가 바로 그 순간이다. 심지어 점심 먹으러 간 식당에서조차 '짜장이냐, 짬뽕이냐'라며 선택을 재촉받기도 한다. 그러다 보니 인생이 마치 양자택일의 연속처럼 보이기도 한다.

중요한 것은 이 세상에 진정한 양자택일 문제는 그리 많지 않다는 것이다. 또한, 아무리 양자택일을 강요받아도 중심만 잘 잡으면 어느 한쪽을 포기해야 하는 일 따위는 절대 생기지 않는다.

"엄마가 좋아, 아빠가 좋아?"라는 질문에 대한 현명한 대답은 "둘 다 좋아요."다. "엄마나 아빠 중 한 사람이 더 좋다."고 선택할 때보다 "둘 다 좋다."고 하는 아이를 어른들은 더 사랑하는 눈빛으로 바라본다. "나랑 살 거야, 당신 엄마랑 살 거야? 및 "엄마랑 살래, 아빠랑 살래?"에 대한 대답 역시 마찬가지다. 홧김에 이혼 얘기를 꺼내긴 했지만, 내심 부모는 아이가 엄마, 아빠 중 한쪽을 지목하기보다는 "우리 다 같이 살아요."라며 애절하게 매달리기를 바란다.

이렇듯 양자택일은 거부할 수 없는 압박감을 동반하지만, 그중 어느 것도 정답이 아니라는 공통점이 있다.

좋은 이직 기회를 상사와의 의리 때문에 저버리기란 절대 쉽지 않다. 상사 역시 진정으로 그것을 원하지 않는다. 그런 점에서 상사와의 의리 때문에 이직을 고민하는 것은 쓸데없는 시간 낭비이자 무의미한 고민에 지나지 않는다. 만일 자신의 욕심과 열등감 때문에 부하 직원의 앞길을 막는 그런 이기적인 상사가 있다면 하루빨리 그로부터 벗어나야 한다. 짜장이냐, 짬뽕이냐 갈등하는 것 역시 마찬가지다. 둘이 하나씩 시켜서 나눠 먹으면 된다. 그게 아니면, 오늘은 된장찌개, 내일은 김치찌개로 순서를 정해도 되고, 전혀 다른 새로운 메뉴에 도전하는 것도 나쁘지 않다.

## 양자택일의 틀에 자신을 가두지 마라

　자기계발 강의나 책을 좋아하는 독자라면 '자기만의 브랜드를 만들어라.', '차별화 포인트를 공략하라.'라는 말을 자주 접했을 것이다. 아닌 게 아니라 성공하려면 남과 다른 뭔가를 하나쯤 갖고 있어야 한다는 담론이 한때 꽤 유행했고, 지금도 여전히 유효하다. 과연 그럴까.

　그것이 꼭 틀린 말은 아니지만, 이를 자칫 잘못 해석하면 '뭐든지 하나만 잘하면 된다.', '죽이 되건, 밥이 되건, 한 우물만 파라.'라는 뜻으로 오해할 수 있다. 정작 자신은 뭔가 하나만 잘하는 사람을 만나면 '당신은 딱 거기까지야.'라고 얕잡아 보면서 말이다. 또한, 한 우물만 파는 사람은 융통성 없다며 멀리하고, 튀는 사람은 유치하다며 무시하고, 자기과시를 일삼는 사람은 잘난 척한다고 비아냥거리면서도 자신은 왠지 그래야만 할 것 같은 막연한 불안감에 시달리기도 한다. 그러다 보니 선택 가능한 대안이 여러 개 있을 때조차도 다양한 옵션보다는 두 개 중에서 하나를 택하기가 더 쉽고 나은 것처럼 느껴진다. 심지어 자신에게 '예스'나 '노' 중에서 하나를 택하면 끝나는 질문만 던지는 사람도 있다.

　양자택일의 함정에서 벗어나라. 처음부터 한쪽으로 기울어진 시소에 타려는 사람은 아무도 없다. 어느 하나만을 택하는 순간, 나머지 반은 포기해야 하기 때문이다. 또한, 양자택일에 직면했을 때 어느 한쪽을 선택해야만 하는 부담스러운 상황은 조바심을 불러일으킬 뿐만 아니라 올바른 판단 역시 방해한다. 그러니 절대 양자택일의 틀에 갇혀서는 안 된다. 더 다양한 대안을 발견할 수 있는 열린 질문을 자신에게 던지고, 선택 가능한 폭을 확장함으로써 생각의 지평을 넓혀야 한다. 그렇게 하면 미처 생각지도 못했던 세계와 만날 수 있다. 그것이 바로 나를 다른 사람들과 차별화하고, 나의 경쟁력을 강화하는 핵심 역량이다.

# 무엇이건 공유할수록
# 가치가 커진다

### 일 잘하는 사람을 보고 배워라

"삼인행三人行 필유아사언必有我師焉 택기선자이종지擇其善者而从之 기불선자
이개지其不善者而改之."

《논어論語》에 나오는 말로, "세 사람이 길을 가면 반드시 나의 스승이 있
으니, 그중에 선한 자를 가려서 따르고, 선하지 못한 자를 가려서 자신의
잘못을 고쳐야 한다."라는 뜻이다.

세 사람 이상 모여서 일하는 곳에는 반드시 보고 배울 점을 가진 사람
이 있으며, 타산지석의 교훈으로 삼아 경계해야 할 사람 역시 있게 마련
이다.

"리더와 리더십은 같은가요?"

강의 때마다 내가 자주 하는 질문 중 하나다. 바로 답이 나오진 않으면

질문을 약간 고쳐서 이렇게 묻는다.

"리더십을 잘 발휘하는 리더를 본 적 있나요?"

그러면 곧 "아니요, 당연히 없습니다."라는 답이 나온다.

우리 대부분은 리더십 없는 리더와 일하고 있다. 그 때문에 "어떤 사람이 리더십 없는 리더일까요?"라고 물으면 십중팔구 직속 상사나 사수, 팀장과 같이 매일 얼굴을 대하는 가까운 사람을 지목하기 일쑤다. 그들과 일하다 보니 뒷말만 늘고 배울 것이라고는 조금도 없다고 생각하기 때문이다. 그러나 오히려 배울 게 없는 사람에게서 더 많은 것을 배우는 법이다. 이에 대해 공자는 이렇게 말한 바 있다.

"선한 자를 보면 배워서 따르고, 선하지 못한 자를 보면 자신을 비추는 거울삼아 자기 행실을 고치라."

## 정보를 공유하지 않는 조직은 더는 발전할 수 없다

직장에서 인정받고 싶다면 매일 조금씩이라도 나아지고 있음을 보여줘야 한다. 매일 변화와 발전을 거듭하기 위해서 우리가 할 수 있는 일은 보고 배워서 실천하는 것이다. 일 잘하는 사람을 보고 배워라. 그들을 그대로 따라 해도 좋다. 좋은 점을 보고 배워 따라 하는 것을 주저하거나 부끄러워해선 안 된다. 설령, 함께 일하는 사람들에게서 눈 씻고 찾아봐도 좋은 점을 찾을 수 없다고 해도 뒤에서 불평과 뒷말을 해선 안 된다. 오히려 그 점을 감사해야 한다. 리더십 없는 리더일수록 보고 배울 점이 더 많기 때문이다. '이런 상황에서 저렇게 행동하면 욕먹는구나.', '나잇

값 못한다는 게 바로 저런 것이구나.', '상사가 되면 저렇게 행동할 때 속 좁아 보이는구나.' 등 그들의 말과 행동을 보고 반면교사 삼는 것만으로도 충분하다.

이렇듯 매일 배울 것을 찾다 보면 하루하루가 흥미진진해진다. 상사의 질책하는 방법이나 태도, 언어 선택, 눈빛, 상황 등 살아 있는 교훈이 매일 여기저기 널려 있기 때문이다.

누군가를 통해 배우고 몸에 익혔다면 이제 한 걸음 더 나아가 그것을 남에게 줘야 한다. 흔히 "배워서 남 주나?"라는 말을 자주 쓴다. 하지만 배워서 남에게 줄 때 그 배움은 최고 가치를 발휘한다. 어쩌면 인간은 본질적으로 타인에게 베풀기 위해 배우는지도 모른다. 예컨대, 원시인들이 그들이 터득한 지식과 기술, 정보, 생존 노하우를 다음 세대에게 전달하지 않았다면 오늘날처럼 인류문명은 발달하지 못했을 것이다. 그런 점에서 선배들이 신입사원들에게 아무것도 가르쳐주지 않는 조직은 더는 발전할 수 없다.

### 배움의 최고 가치는 아낌없이 공유하는 것

배운 것을 남에게 줄 때 우리는 진정한 앎의 경지에 이른다. "머리로 아는 것은 안다고 생각하는 것이고, 말로 설명할 수 있을 때 진짜로 아는 것이다."라는 말이 있다. 당신이 알고 있는 것이 있다면, 그것이 핵심 정보건, 업무 노하우건, 인간관계 기술이건, 그것을 필요로 하는 사람들과 함께 공유하라. 감추고 아끼면 자기 위안과 만족밖에 되지 않지만, 그것을 다른 사람과 공유하면 중요한 정보가 되고, 노하우가 되며, 기술이 된다. 물론 힘들게 얻은 만큼 아깝다는 생각이 들 수도 있다. 또한, 다 주고 나면 더는 남들이 찾지 않을 것만 같아 불안할 수도 있다. 그럴 때는 이렇게 생각해보자. 내가 알고 있는 정보를 그들 역시 알지 못하리란 법은 없다. 어쩌면 그들 역시 이미 알고 있을 수도 있다. 다만, 공유하지 않았기에 희소 가치가 있는 것처럼 착각하고 있을 뿐이다. 그러니 아깝다고 생각하지 말고 기꺼이 다 내놓아라. 정보건, 노하우건, 기술이건 공유할수록 그것은 더 정교해지고 탄탄해져서 돌아온다.

# 울고 싶다면
# 걱정하지 말고 울어라

**눈물 한 방울로 이미지를 180도 바꿀 수도 있다**

어린 시절 나는 울보였다. 조금만 억울한 일이 있어도, 조금만 슬픈 이야기를 들어도 금세 울음을 터뜨렸다. "세 살 버릇 여든까지 간다."라고, 지금도 나는 자타공인 못 말리는 울보다. 드라마 보다가도, 책 보다가도 우는 일이 다반사이며, 뉴스나 신문을 보면서도 울고, 친구 이야기를 듣다가도 운다. 심지어 코칭이나 강의 중 참가자들의 이야기를 듣다가도 울컥해서 그렁그렁 눈물이 고일 때가 있다. 이런 이야기를 할 때마다 선배들은 "강의할 때는 절대 울지 마. 강사가 약해 보이면 신뢰가 떨어지니까."라며 걱정해주곤 한다. 그러고 보면 우리나라 사람들은 눈물을 흘리는 게 그 사람에게 약점이 된다고 생각하는 듯하다. 하지만 모든 눈물이 약점이 되는 것은 아니다. 타인의 감정이나 상황, 처지를 헤아려서

189

흘리는 공감의 눈물은 서로 동질감을 느끼게 하고 더욱더 끈끈한 관계를 맺게 하기 때문이다. 또한, 누군가 자기 일에 함께 슬퍼하고, 분노하며, 울어준다는 것은 상대에 대한 무한한 신뢰를 심어주는 계기가 될뿐더러 개인적으로는 자기 감성이 아직 살아 있음을 확인하는 계기가 되기도 한다. 그러니 눈물이 많다는 것이 꼭 약점은 아니며, 우는 일이 반드시 부정적인 이미지를 만드는 것도 아니다. 특히 차갑고 냉정한 사람이라는 이미지를 가진 사람이라면 눈물 한 방울로 이미지를 180도 바꿀수도 있다. 차갑고 냉정한 사람이 감수성이 예민하고 인간적인 사람으로 변하는 것이다.

힐러리 클린턴<sup>Hillary Clinton</sup>은 2008년 미국 민주당 대선 후보 선출을 위한 당내 경선을 할 당시 첫 관문이었던 아이오와에서 버락 오바마에게 참패했다. 하지만 그 후 더 충격적인 일이 일어났다. 철의 여인이라 불리던 그녀가 인터뷰 도중 눈물을 흘렸기 때문이다. 선거와는 상관없는 눈물이었다고 즉각 부인하긴 했지만, '힐러리의 눈물 쇼가 선거의 흐름을 어떻게 바꿀 것인가?'라는 기사가 나올 만큼 그녀의 눈물은 큰 화제가 되었다. 그리고 그 효과는 즉시 나타났다. 뉴햄프셔에서 열린 당원 대회에서 오바마를 이긴 것이다.

그렇다면 사람들은 왜 울음을 어리석음의 표현이라거나 나약함의 상징처럼 생각하는 것일까. 울음에 대해 긍정적인 해석보다 부정적인 해석을 더 많이 듣고 자랐기 때문이다. 또한, 눈물이 자기 마음을 드러내는 순수한 표현임에도 종종 나쁜 의도로 사용되기 때문이다. 어른이건, 어런아이건 자신의 불리한 상황을 적당히 모면하려 하거나 자신이 원하는 것을 가지려고 할 때 눈물이라는 무기를 꺼내곤 한다. 그렇게 해서 관심을 끌거나 동정심을 얻으려는 것이다. 하지만 이런 행위는 눈물을 모독하는 일이다.

나는 눈물을 사랑한다. 하지만 내가 사랑하는 눈물은 타인과의 공감에서 나오는 마음의 울림이다. 이런 눈물은 약점이 아니라 얼마나 감성이 풍부한지, 대인관계의 친밀도가 얼마나 높은지를 알려주는 척도에 가깝다. 그러니 이런 눈물이라면 자주 보여도 괜찮다.

### 눈물은 나약함의 상징이 아닌 자신을 위로하는 최고의 선물

외로우면 외롭다고, 슬프면 슬프다고 마음 놓고 울자. 삶의 무게가 힘겹게 느껴질 때, 사람들에게 억울한 오해를 받을 때, 열심히 노력했는데도 원하는 결과를 얻지 못했을 때, 사랑하는 사람과 헤어졌을 때, 마음대로 되는 일이 하나도 없을 때 소리 내어 울자. 베개를 껴안고 이불을 뒤집어쓴 채 펑펑 울던지, 슬픈 영화나 책을 보면서 그 이야기에 취한 척소리 높여 울던지, 높은 산에 올라가 커다란 바위 위에 앉아서 엉엉 울던지, 새벽에 수영하며 물속에서 흐느껴 울던지, 어떻게든 자기 마음 내키는 대로 울면서 모든 것을 쏟아내자. 그러고 나면 온몸의 힘이 쫙 빠지고, 코가 싸해지면서 머리가 띵해질 것이다. 그 느낌 그대로 잠시 몸과 마음을 내버려 두자. 몸속에 쌓여 있던 모든 생각이 빠져나가 버린 것 같은 텅 빈 느낌이 들 때까지. 한바탕 울고 났다고 해서 문제가 해결된 것도 아니고, 상황이 크게 달라지지도 않겠지만, 왠지 모르게 한결 가벼워진 느낌이 들 것이다. 그것이 바로 '카타르시스' 효과다.

남자라는 이유로, 부모라는 이유로, 어른이라는 이유로 가슴 속에만 꽁꽁 묻어 두고 가두었던 눈물을 꺼내 내보내고 나면 가족 부양을 위해, 성공을 위해, 목표 달성을 위해, 더 나은 미래를 위해 참고 견뎌오는 동안 가슴속에 쌓인 앙금으로부터 한결 자유로워질 수 있다. 그런 점에서 눈물은 다른 어떤 것보다 효과적인 감정의 청소기라고 할 수 있다.

더는 참지 않아도 좋다. 그동안 견뎌온 부질없는 것들을 눈물이라는 격한 파도에 쓸려 보내고 나면 우리가 정말 바라고 원하는 매력적인 것들을 채울 수 있는 공간적인 여유가 생긴다.

암탉은 울어야 알을 낳고, 사람은 울어야 인생을 알게 된다. 그러니 걱정하지 말고 울어라. 누군가에게 나를 좀 봐달라거나, 일을 대신해달라거나, 한 번만 용서해 달라는 비굴한 눈물만 아니면 된다. 일부러 남에게 보이기 위한 나쁜 의도의 눈물만 아니라면 눈물은 자신을 위로하는 최고의 선물이기 때문이다.

# 변화를
# 예상하고 주도하라

### 원하는 환경을 스스로 만들어라

영국 목사 윌리엄 리<sup>William Lee</sup>는 궁핍한 생활 때문에 직접 양말을 짜서 파는 아내를 보며 매우 마음 아파했다. 그런 아내를 위해 9년간 연구에 매진한 그는 1589년 드디어 양말 짜는 기계를 발명했지만, 당시 손뜨개만을 고집하던 영국인들은 그가 만든 혁신적인 발명품에 아무런 관심도 보이지 않았다. 획기적인 발명품을 눈앞에 두고도 익숙한 수작업 방식만을 고집한 것이다. 영국 내에서 양말 짜는 기계를 활용할 길이 보이지 않자, 결국 윌리엄은 일생일대의 중대한 결단을 내린다. 자신이 만든 기계를 가지고 프랑스로 건너가 루앙에 세계 최고의 기계식 편물 공장을 세운 것이다. 만일 그가 '아내의 고생은 그녀의 팔자'라고 생각하며 도움을 주고 싶은 마음을 행동으로 옮기지 않았다면 그의 삶은 과연 어떻게 되었을까. 생각건대, 계속되는 가난에 평생을 허덕이며 살았을 것이 틀림없다. 또한, 그가 양말 짜는 기계를 발명하고도 그것을 외면하는 영국의 현실 앞에서 '어쩔 수 없다.'라며 포기했다면 어떻게 되었을까. 아마 오래지 않아 그 대신 다른 누군가가 기계를 발명했을 것이며, 세계 최고의 기계식 편물 공장을 세워 역사의 한 페이지를 장식했을 것이다.

위 이야기는 수백 년 전 유럽에서 있었던 이야기지만, 오늘의 우리 현실에 빗대어도 큰 가르침을 준다.

- 당신은 과연 지금 상황에 만족하는가?
- 개선 및 변화가 필요한 사람, 상황, 환경이 눈에 띈 적은 없는가?
- 당신은 변화를 위해 어떤 행동을 꾸준히 하고 있는가?

만일 위 세 가지 질문이 당신의 고민과 일치한다면, 당신은 수백 년 전 윌리엄 리가 그랬듯이 변화의 필요성을 감지하고 변화를 주도하는 사람임이 틀림없다.

당신의 고민과 노력에 대해 당신이 속한 조직의 사람들은 어떤 반응을 보이는가? 혹시 "그냥 하던 대로 해라!", "남들 하는 대로 하고 사는 게 편하다.", "무슨 영화를 누리겠다고 그렇게 열심히 하냐?"라는 반응을 보이며 은근히 비아냥거리지는 않는가? 만일 그렇다면 당신은 윌리엄 리가 영국을 떠나 프랑스로 삶의 터전을 옮긴 것처럼 과감하게 떠나야 할 때가 온 것인지도 모른다.

아무리 선의의 노력을 해도 아이디어나 진실이 통하지 않는 조직이 분명 있다. 최선을 다했는데도 조직이 인정하지 않는다면 과감하게 박차고 나가는 것도 하나의 방법이다. "절이 싫으면 중이 떠나야 한다."는 말도 있지 않던가.

때로는 떠나는 것이 정답일 수도 있다. 변화와 발전에 동의하지 않는 사람들을 설득하느라 괜한 에너지와 시간을 낭비할 필요 없다. 당신의 아이디어와 진정성을 높이 평가하는 곳에서 새롭게 시작하라.

희곡《인간과 초인Man and Superman》으로 노벨 문학상을 받은 세계적인 극작가 조지 버나드 쇼George Bernard Shaw는 "성공하는 사람들은 원하는 환경을 찾으며, 그런 환경을 찾을 수 없으면 스스로 만들어낸다."라고 한 바 있다. 이는 자신의 '성공을 가로막는 어떤 환경도 실패에 대한 변명이 될 수는 없다.'라는 신랄한 비판이기도 하다. 실례로, 빌 게이츠Bill Gates가 변호사인 아버지의 기대에 부응하기 위해 하버드대 법대를 졸업하고 법조인이 되었다면 우리는 윈도우가 깔린 컴퓨터를 한참 후에나 만났을 것이다.

### 때로는 떠나는 것이 정답일 수도 있다

남들이 다 가는 안전한 길, 아스팔트처럼 쭉 뻗은 탄탄대로라도 떠나야 할 때가 있다. 떠나지 않으면 새로운 길과 만날 수 없기 때문이다. 하지만 익숙한 것, 그래서 안락하다고 느껴지는 것과의 결별은 언제나 두렵고 아프기 마련이다. 그것은 나이가 들고, 경험이 쌓이고, 지위가 높아져도 마찬가지다. 아니, 어쩌면 나이가 들수록, 경험이 쌓일수록, 지위가 높아질수록 익숙한 것에서 벗어나는 것에 대해 두려움과 고통이 더 클 수도 있다. 하지만 단지 익숙하다는 이유만으로 계속해서 옛것을 고집한다면 도전 자체를 점점 두려워하게 된다.

어떻게 해서든 시작한 곳에서 유종의 미를 거두려는 사람들이 있다. 하지만 그런 사람들일수록 더욱 냉철해져야 한다. 자신에게 변화를 끌어내는 힘이 있는지 정확히 판단할 수 있어야 하기 때문이다. 만일 그럴 힘이 없다면 버티기는 아무런 의미가 없다. 오히려 좋은 기회를 놓치고 탈진에 빠진 나머지 도망칠 수도 있기 때문이다. 떠나거나, 버티거나 어느 쪽을 택하건 감수해야 하는 무게는 마찬가지다. 그렇다면 어떤 고통이 더 겪을 만한 가치가 있는지, 남는 것과 떠나는 것 중 어느 쪽이 더 의미 있는지 자기 자신의 내면만큼 조직의 한계 역시 냉정하게 바라볼 줄 알아야 한다.

스펜서 존슨Spencer Johnson의 《누가 내 치즈를 옮겼을까?Who Moved My Cheese?》를 보면 생쥐 스니프와 스커리, 꼬마 인간 헴과 허가 맛있는 치즈를 찾아다닌다. 그러다가 치즈가 가득한 창고를 발견하고, 매일 그곳에 들러 치즈를 실컷 먹는다. 그런데 생쥐들은 매일 아침 창고에 가서 어제와 다른 변화가 있는지 확인하는 반면, 꼬마 인간들은 창고 안의 치즈를 평생 먹을 수 있을 것으로 착각하고 변화에 전혀 대비하지 않는다. 그러던 어느 날, 치즈가 감쪽같이 사라지고 만다. 하지만 깜짝 놀라는 꼬마 인간들과는 달리, 생쥐들은 전혀 놀라지 않았다. 창고의 치즈가 조금씩 줄고 있다는 사실을 이미 알고 있었기 때문이다. 생쥐들은 다시 미로 속으로 들어가 새로운 치즈를 찾아 나섰고, 새로운 치즈 창고를 발견한다. 그러나 꼬마 인간들은 새로운 치즈를 찾는 대신 누군가가 다시 창고에 치즈를 가져다 놓기만을 기다린다. 하지만 그들의 그런 바람과는 달리, 치즈는 돌아오지 않았고, 헴과 허는 앞으로 어떻게 할지를 놓고 갈등한다. 그 결과, 헴은 계속 기다리기로 했고, 허는 새로운 치즈를 찾아 떠난다. 결국, 허는 미로를 헤맨 끝에 새 치즈 창고를 찾아내지만, 생쥐들이 먼저 와 있었다. 그 순간, 허는 깨닫는다. "변화는 치즈를 계속 옮겨 놓는다. 변화를 예상하고 신속하게 적응하라. 사라진 치즈에 대한 미련을 빨리 버릴수록 새 치즈는 더 가까워진다."라는 사실을.

# PART 5

# 실패할 권리

||||||||||||||||||||||||||||||||||||||||

## 부끄러운 포기보다 당당한 실패가 낫다

•••

_____

승자와 패자를 이분법으로 갈라놓고

이기는 사람은 무조건 승자, 그렇지 않은 사람은

모두 패자로 이름 붙이는 것이 진리라면

세상 사람 모두가 더욱 치열하게 살아야 한다.

소수에게만 보장된 승자의 특권이야말로

진정한 가치가 있을 테니 말이다.

그러나 승리의 기준이 다르다면

다수의 승자가 서로 행복하게 공존할 수 있다.

**— '우리는 이미 승자다' 중에서**

# 누구나
# '실패할 권리'가 있다

### 삶은 '도전과 성공'의 신화가 아닌 '도전과 발전'의 역사

"해 보고 실패했다. 상관없다. 다시 해 보고 또다시 실패했다. 실패했지만 나아졌다."

《고도를 기다리며<sup>En attendant Godot</sup>》를 통해 1969년 노벨 문학상을 받은 프랑스 소설가 사뮈엘 베케트<sup>Samuel Beckett</sup>의 말이다.

그는 실수에 집착하는 대신 도전에 집중하면서 더 나은 자신을 만들고자 했다. 설령, 노력의 결과가 실패로 이어져 그 대가를 받을 수 없다고 해도 다시 도전하는 것을 두려워하지 않았다.

우리가 승리라고 부르는 것들 역시 그런 것이다. 승리는 '도전과 성공'의 신화가 아니라 '도전과 발전'의 역사이기 때문이다.

한국 피겨스케이트의 여왕 김연아 역시 경기 도중 실수하더라도 그것에 연연하지 않고 남은 연기를 더욱 완벽하게 하는 데 집중했다. 모든 운동이 마찬가지지만, 피겨스케이팅은 특히 마인드 컨트롤이 중요하다. 초반에 실수하면 프로그램 전체를 망치거나 경기 자체를 포기하는 일이 많기 때문이다. 하지만 김연아 선수는 실수하더라도 바로 그것을 잊고 경기에 집중하는 마음의 힘을 갖고 있었다. 그녀가 '여왕'으로 등극한 배경에는 바로 그런 담대함이 있었다.

이는 운동선수에게만 국한되는 얘기는 아니다. 자신이 원하는 결과를 성취하는 사람들, 자신이 원하는 만큼 인정받는 사람들 역시 그런 특성이 있다.

### 완벽주의자들이 성공하지 못하는 이유

흔히 완벽주의자들이 성공할 것으로 생각하기 쉽지만, 그것은 착각에 불과하다. 완벽주의자일수록 사소한 실수를 용납하지 못할뿐더러 그것을 마음에 오랫동안 담아두는 특성이 있기 때문이다. 길게 볼수록 그것은 성공과의 거리를 멀어지게 한다.

완벽주의자는 크게 두 가지 유형으로 나눌 수 있다.

첫째, 스스로 설정한 자기 기준이 매우 높은 '성취 지향적'인 유형이다. 그들은 모든 일에 적극적이며 지시적이다. 또한, 주변 자원을 최대한 동원해서 자기가 맡은 일에서 최고 성과를 만들어낸다. 하지만 함께 하는 사람들의 마음을 헤아리진 못한다. 그 때문에 일에서는 성공할 수 있을지언정 사람의 마음을 얻지는 못한다.

둘째, 자기 기준이 높다는 점에서는 첫 번째 유형과 같지만, 첫 번째 유형이 '높은 성과'를 목표로 하는 반면, 두 번째 유형은 성과와 동시에 타인에게 폐를 끼치지 않는 것을 목표로 한다. 즉, '최선의 관계 맺기'가 아닌 '최소한의 폐 끼치지 않기'를 목표로 하는 것이다. 그러다 보니 자기 때문에 누군가가 혹시 피해를 보지 않을지에 대해서 지나칠 만큼 신경 쓴다. 자신의 '완벽하지 못한 모습'이 주변 사람들에게 면목 없는 일이라도 되는 양 전전긍긍하는 모습을 보이는 것이다. 그런 점에서 첫 번째 완벽주의자들이 '자기 중심형' 완벽주의자라면 두 번째 유형은 '관계 지향형' 완벽주의자라고 할 수 있다.

자기 중심형 완벽주의자들이 대범한 반면, 관계 지향형 완벽주의자들은 매우 소심하다. 다른 사람들에게 폐를 끼치지 않기 위해서는 모두의 의견을 수렴하고 충분히 숙고한 후 결정하고 행동에 옮겨야 한다고 믿기 때문이다. 그러다 보니 그들 스스로 '나는 소심한 사람'이라고 낙인찍는 경우가 있다. 문제는 자신을 소심하다고 생각하면 목표 달성은 물론 관계 유지 역시 점점 어려워진다는 것이다.

관계 지향형 체조선수가 있다고 해보자. 경기가 진행되는 동안 그의 마음속에는 과연 어떤 일이 일어날까. '연습한 대로 완벽하게 해내야 해. 그래야만 10년 넘게 나를 뒷바라지한 부모님께 죄송하지 않을 수 있어 (이들은 '보답하기 위해서'라는 적극적인 표현보다는 '실망하게 하지 않기 위해'라는 소극적인 표현을 더 자주 사용한다). 제발 실수하지 말자. 실수하면 그동안 열심히 지도해준 코치님께 매우 미안하잖아.' 이런 다

짐을 수없이 하며 자기 차례를 기다릴 것이 틀림없다. 그런데 하필이면 바로 앞 선수가 만점에 가까운 점수를 받았다. 그 순간, 그의 마음에는 극심한 불안과 동요가 일어난다. '과연, 내가 더 높은 점수를 받을 수 있을까? 아마 어려울 거야. 저건 정말 기록적인 점수잖아. 이제 더는 가망이 없어. 부모님과 코치님, 동료들에게 미안해서 어쩌지.' 그러다 보니 경기가 잘 풀릴 리 없다. 생각할 필요도 없이 망칠 것이 뻔하다.

그렇다면 소심한 완벽주의자가 팀 대표로 프레젠테이션을 맡게 되었다면 어떨까. 도전도 해보기 전에 이미 실패한 체조선수와 비슷한 패턴을 보일 것이 틀림없다.

지나친 미안함은 주변 상황을 객관적으로 보지 못하게 할뿐더러 자기 자신을 어두운 동굴 속으로 밀어 넣는다. 만일 당신이 관계 지향형의 소심한 완벽주의자라면 당신 마음속의 '과도한 미안함'을 먼저 없애야 한다. 아직 일어나지 않은 일에 대한 걱정과 그 걱정으로부터 생겨난 불안과 미안함이라는 감정은 독이 될 뿐 절대 득이 되지는 않는다.

스탠퍼드 의과대학 심리행동학과 교수인 데이비드 번즈<sup>David M. Burns</sup>는 '잘못될 권리'에 관해 이렇게 말한 바 있다.

"우리는 누구나 잘못될 권리를 갖고 있다. 잘못될까 봐 두려워서 뭔가를 포기하는 것은 자신의 권리를 스스로 짓밟는 것과 같다. 실수나 실패는 새로운 사실을 배우고 전진하는 기회이다. 그러니 잘못될 권리를 스스로 포기해선 안 된다."

불확실할수록
더 도전해야 하는 이유

**불확실함은 미래의 본질**

태초에 신은 인간에게 두 개의 서랍을 주었다. 하나는 과거의 서랍이고, 다른 하나는 미래의 서랍이다. 그런데 과거의 서랍은 언제든지 들여다볼 수 있게 열어두었지만, 미래의 서랍은 자물쇠를 채워 절대 열어 볼 수 없게 했다.

두 개의 서랍을 받은 인간은 심심하면 과거의 서랍을 열어 그 안을 들여다보곤 한다. 그 안에는 바쁘게 사느라고 잊고 있던 과거 일과 사람, 시간 등 한마디로 추억이라고 불릴 만한 것이 가득 들어 있다. 이에 깊은 회상에 잠겨 추억을 꺼내 보다가도 불현듯 다급한 일이 떠오르면 대충 서랍에 담아 둔 채 급히 떠난다. 그러다 보니 미처 서랍에 다시 담지 못한 과거의 조각들이 여기저기 흘러내리곤 했다.

그러던 어느 날, 인간은 과거의 서랍 옆에 놓인 '미래의 서랍에는 과연 무엇이 들어 있을까?'라는 궁금증이 생겼다. 그래서 몰래 서랍을 열어 보려고 했지만, 자물쇠가 굳게 잠겨 있어 절대 열리지 않았다. 결국, 갖은 노력 끝에 미래의 서랍을 여는 데 성공했지만, 귀한 보물이 가득 들어 있을 것이라는 기대와는 달리, 서랍 안은 텅 비어 있었다. 그러자 실망한 인간은 허탈한 마음에 털썩 주저앉아 신을 원망하기 시작했다.

"왜 빈 서랍에 자물쇠를 채워서 열어 보고 싶은 호기심과 욕망을 자극한 것입니까? 그동안 서랍을 열기 위해 제가 들인 공이 얼마나 되는 줄 아십니까?"

하지만 인간의 외침이 처절한 절규로 변할 때까지도 신은 아무런 대답을 하지 않았다. 그러자 화가 난 인간은 소리 내어 울기 시작했다. 울다 지쳐 눈을 비비고 보니 자신이 앉아 있는 바로 옆에 뭔가 떨어져 있는 것이 보였다. 자세히 보니 지난번에 과거 서랍에서 꺼냈다가 미처 다시 챙겨 넣지 못한 과거의 조각들이었다. 허탈해진 인간은 텅 빈 미래의 서랍에 그것을 닥치는 대로 집어넣었다. 그러고 나서 다시 현재의 삶을 살기 위해 두 개의 서랍을 닫은 후 걸음을 재촉했다. 그러면서 다짐했다. 별 볼 일 없는 두 개의 서랍 따위는 잊고 살겠다고. 현재로 돌아가 현재의 삶에만 충실하겠다고. 그러나 그 후로도 인간은 삶이 무료하거나 불안할 때, 쉬고 싶거나 좌절을 느낄 때, 어려운 일에 도전할 때 서랍 다시 찾아 그것을 열어 보곤 했다. 과거의 서랍은 여전히 잊고 지냈던 추억 조각들로 가득 채워져 있었다. 그런데 미래의 서랍은 예전과 같지 않았다. 인간이 과거의 조각들을 미래의 서랍에 넣어 두었기 때문이다. 그때부터 인간은 미래의 서랍을 열었을 때도 과거의 기억으로부터 절대 자유로울 수 없게 되었다.

## 과거도, 미래도 아닌 현재에 집중하라

가깝건 멀건, 앞으로의 일, 즉 미래를 떠올릴 때 당신은 무엇을 보며, 어떤 감정을 느끼는가? 그것이 무엇이건 간에 당신의 과거에서 비롯된 것임은 분명하다. 즉, 우리가 미래를 생각하며 걱정하고 우려하는 것은 대부분 과거의 실패와 상처, 기억에서 오는 것들이다.

친한 사람들과 대화할 때는 아무 문제가 없는데, 낯선 사람들 앞에서 발표할 때면 울렁증이 생긴다며 자기 능력을 드러낼 기회를 마다하는 이들이 더러 있다. 현재의 자기 모습과 과거에 다른 사람들 앞에서 망신당한 기억이 겹치기 때문이다. 또한, 꿈에 그리던 이상형을 만났다며 좋아하면서도 그녀와의 데이트를 두려워하는 사람도 있다. 아픈 이별의 경험이 있기에, 그것을 반복하게 될까 봐 두렵기 때문이다. 그런가 하면 면접 있는 날 아침, 정신없이 서두르다가 휴대전화를 집에 두고 나온 청년은 면접장에 들어서기도 전에 이미 면접에서 떨어질 것을 확신한다. 휴대전화를 두고 온 날은 꼭 나쁜 일이 생긴다는 징크스 때문이다.

당신도 혹시 발표 울렁증이나 막연한 두려움, 징크스 때문에 앞에 나서기가 두려운가? 불길한 예감은 한 번의 예외도 없이 꼭 들어맞는다고 생각하는가? 나아가 미래는 과거에 의해 이미 결정되어 있다고 생각하는가? 그렇다면 당신이 보는 당신의 미래에는 과연 무엇이 담겨 있는가?

애초에 미래의 서랍은 아무것도 담겨 있지 않은 텅 빈 상태였다. 그러니 당신이 미래를 계획할 때 거기서 아무것도 찾을 수 없고, 아무것도 보이지 않는다는 것은 지극히 당연하다.

불확실함은 미래의 본질이다. 그런데도 그것으로 인해 막연한 불안과 공포, 두려움에 떨며 위축된다면 불필요한 감정 낭비만 하는 셈이다. 당신이 바라고 원하는 이상적인 미래를 현실로 만들고 싶다면, 불안과 공포, 두려움을 이겨내고 미래라는 서랍에 꿈과 희망, 목표를 담아야 한다. 그리고 그 꿈과 희망, 목표를 현실로 만들기 위해 과거도, 미래도 아닌 현재를 살아야 한다.

당신이 미래를 위해 해야 하는 일은 목표를 향해 나아가면서 그 과정에서 맞닥뜨리는 크고 작은 장애물을 넘어서고, 그 과정에서 함께하는 사람들을 자기편으로 만드는 것이다.

미국 소설가 마크 트웨인Mark Twain은 망설이고 주저하는 사람들을 향해 이렇게 말한 바 있다.

"앞으로 20년 후 당신은 했던 일보다는 하지 않았던 일에 더욱 실망할 것이다. 그러니 지금이라도 당장 항해를 시작하라. 안전한 항구를 떠나 무역풍을 받고 원하는 목적지를 향해 나아가라."

# 행동이 습관을,
# 습관이 운명을 바꾼다

### 현재의 삶은 지나온 삶과 행동, 습관의 결과물

우리가 일상에서 자주 하는 행동, 습관, 스타일, 가치관의 시작을 되짚어보자. 그것을 언제부터 시작해서 지금처럼 익숙하게 되었는지 콕 집어 말할 수 있는가?

대부분 습관은 기억할 수 없는 순간부터 시작되어 무의식적인 반복을 통해 만들어진다. 혹시 인생의 '어느 한순간'을 떠올리며 "맞아, 그때부터였어!"라고 말한다고 해도 그 순간이 정확한 '시작점'이라고 단정하기는 어렵다. 시작점이기보다는 이미 몸에 밴 행동과 습관을 스스로 '인지한 시점'일 가능성이 더 크기 때문이다. 따라서 우리에게 너무도 익숙한 행동과 습관 대부분은 우리가 미처 알지 못하는 사이에 천천히 우리를 길들여 왔고 지금의 우리를 만들었다고 해도 과언이 아니다.

다른 사람에게 인정받고 싶은가? 리더가 되고 싶은가? 리더십을 발휘하고 싶은가? 그렇다면 당신의 행동과 습관부터 점검하라. 인정받는 것, 리더십을 발휘하는 것은 몇 번의 교육을 통해 개발할 수 있는 단순한 기술이 절대 아니다. 그것은 당신이 지금까지 살아온 삶과 행동 및 습관의 결과물이기 때문이다. 그러므로 만일 당신이 현재 다른 사람에게 인정받고 있다면 그것은 그동안의 바람직한 행동과 좋은 습관에 대한 보상이라고 할 수 있다.

미국 심리학자 윌리엄 제임스William James는 "생각이 바뀌면 행동이 바뀌고, 행동이 바뀌면 습관이 바뀌고, 습관이 바뀌면 인격이 바뀌고, 인격이 바뀌면 운명까지 바뀐다."라고 했다. 생각을 통해 습관을 바꾸면, 결과적으로 운명까지 바꿀 수 있다는 얘기다. 그러니 과거의 잘못된 습관에 얽매여 시간을 낭비하거나 절망하지 말고, 지금부터라도 당장 바람직한 습관을 만드는 데 집중해야 한다.


### 지극히 사소한 것부터 행동을 습관으로 만들어라

신혼부부의 부부싸움 이야기를 듣다 보면 빠지지 않고 등장하는 싸움의 원인이 있다. 치약 짜기 역시 그중 하나다. 치약 아랫부분부터 깔끔하게 짜서 쓰는 습관을 지닌 사람은 아무 데나 잡히는 대로 짜서 쓰는 사람을 보면 '낭비가 심하다.'라는 잔소리를 늘어놓기 쉽다. 반대로 적당히 짜서 쓰는 사람은 끝에서부터 깔끔하게 짜서 쓰는 사람의 꼼꼼함을 매우 답답해한다. 양말을 뒤집어 벗어 놓았다는 이유로 싸우는 일 역시 마찬가지다.

이렇듯 습관의 차이로 인한 싸움은 어느 한쪽이 포기하거나 받아들이지 않는 이상 해결하기가 힘들다. 서로가 상대방을 이해하지 않으려 하고, 자신의 습관을 양보하거나 포기하려고 하지 않기 때문이다. 사랑해서 결혼한 사람들이 뭐 그렇게 사소한 문제로 다투나 싶지만, 이미 30년이나 몸에 밴 습관을 하루아침에 바꾼다는 것은 절대 쉬운 일이 아니다. 그렇다고 해서 상대방에게 습관을 바꾸라고 강요해선 안 된다. 그보다는 둘 사이에 지켜야 할 새로운 규칙을 만드는 것이 좋다. 예컨대, 욕실에 두 개의 치약을 두고 각자 자기 것을 사용하며, 타인의 치약 짜는 습관에 대해 간섭하지 않기와 같은 규칙을 만드는 것이다. 그러다 보면 더는 사소한 문제로 다툴 일이 없다.

'서로 자라온 환경이나 습관이 다르므로 갈등은 필연적이다.' 혹은 '너무 늦었다. 그래서 포기하는 수밖에 다른 방법이 없다.'라고 생각하기보다는 공존과 변화, 발전, 개선을 목표로 새로운 규칙을 만들어가야 한다.

하나의 행동이 습관으로 굳어지는 데는 사소한 행동이라도 3주 이상의 시간이 필요하다고 한다. 그러니 만들고 싶은 습관이 있다면 눈 딱 감고 3주 정도만 실행에 옮겨 보자. 조금 늦었을지는 몰라도 분명 어제보다는 나은 내일을 맞이할 수 있을 것이다.

성격에 불만이 있다면 굳이 그것을 감추려고 하거나 그로 인해 위축되지 말고, 지금부터 행동을 바꿔 보라. 또한, 생각을 입 밖으로 표현하기 어렵다면 하루에 한 번씩 아주 사소한 문제에 대해 'No'라고 말하는 습관을 들여라. "오늘 점심 삼계탕어때?"라고 묻는 동료에게 "오늘은 냉면이 더 나을 것 같은데"라고 하는 것이다. 사소한 거절은 상대가 받아들이기 쉽고, 거절한 사람 역시 크게 미안함 없이 자기를 표현할 수 있는 좋은 연습이 된다.

그동안 칭찬에 인색했다면 하루에 한 사람씩 가볍게 칭찬하는 연습을 해보자. 그것 역시 아주 사소한 것부터 시작하면 된다.

"기다려줘서 고마워요."

"함께 있으니 정말 든든하네요."

"추천해준 식당이 아주 좋더군요."

이렇듯 사소한 칭찬은 듣는 사람을 기쁘게 하는 것은 물론 하는 사람 역시 즐겁게 한다.

지극히 사소한 것부터 행동을 습관으로 만들어라. 성공하는 사람들의 특별한 습관도 다 그렇게 시작되었다.

# 사람을 움직이게 하는
# '절실함의 힘'

### 불가능을 가능으로 만드는 힘, 절실함

리더십 트레이너로서의 경험이 많이 쌓이다 보니 워크숍 참가자들의 특성만 보고도 워크숍 분위기를 능히 짐작할 수 있다. 참가자들이 속한 조직, 문화, 환경도 워크숍 분위기에 영향을 끼치지만, 참가자 개개인의 참여 동기 및 변화, 문제 해결에 대한 절실함이야말로 더 큰 영향을 끼치기 때문이다.

워크숍 참가자들의 참여 동기를 보면 그 유형을 세 그룹으로 나눌 수 있다.

#### ● 엘리트 집단

조직 내부에서 핵심 인재로 키우기 위해 일찍부터 점찍은 사람들, 그래서 일찍부터 리더십 트랙에 진입하고 체계적인 계획에 따라 리더십 트레이닝을 받는 이들이 여기에 속한다. 이 그룹에 속하는 사람들은 나이와 지위에 상관없이 자신을 이미 리더로 생각한다. 그러다 보니 언제, 어디서나 자신감이 충만해 있으며, 때때로 자존감이 지나치게 표현되는 바람에 (본의 아니게) 거만해 보이기도 한다.

교육받는 자세 역시 모범생답게 정답을 찾는 방법에 관심이 매우 많다. 하지만 자신이 생각한 것이 정답이 아닐 것 같으면(확신이 없으면) 그 생각을 절대 입 밖으로 꺼내지 않으며, 일단 입 밖으로 내뱉은 말에 대해서는 아집에 가까운 고집을 보이며 신경전을 벌이기도 한다. 외국 사례나 새로운 교육 기법에 관심이 많고, 트레이너가 보여주는 능력보다는 트레이너의 경력과 배경을 신뢰한다.

### ● 자발적 참가자

당면한 문제를 해결하기 위해 작은 실마리라도 찾아보려고 자발적으로 참가한 사람들이 여기에 속한다. 결론부터 말하자면, 교육 효과나 만족도 면에서 가장 높은 성과를 보이는 집단이 바로 이들이다.

조직 생활을 하다 보면 다양한 어려움에 직면하는 경우가 많다. 하지만 그 해결책을 찾기란 절대 쉽지 않다. 조언을 구할 만한 선배도 없을뿐더러 누구와 문제를 의논해야 할지도 모르는 경우가 많기 때문이다.

이들은 자신의 문제를 화두 삼아 필요한 내용을 스펀지처럼 흡수한다. 질문이 확실하니 답 역시 쉽게 찾는다. 그러다 보니 트레이너에게도 적지 않은 보람을 느끼게 한다.

● **타의에 의해 참가한 사람들**

본인의 의지와는 상관없이 말 그대로 '어쩌다 보니' 리더십 훈련에 참여한 사람들로 의욕이 없는 것은 물론 교육의 필요성 역시 절감하지 못하는 경우가 대부분이다. 그저 의무 교육이라서 참가했거나, 교육 훈련 점수를 채우기 위해 선택의 여지 없이 참석했기 때문이다. 이는 트레이너에게도 고스란히 영향을 끼쳐 의욕 상실을 경험하게 한다. 의지가 없는 이들을 움직이려다 보니 진행도 어려울뿐더러 교육 효과 또한 매우 낮기 때문이다. 문제는 아무리 훌륭한 트레이너가 별의별 방법을 다 사용해도 이들에게서 몰입을 끌어내기란 절대 쉽지 않다는 점이다. 본의 아니게(?) 몰입의 경지를 경험하는 이들이 더러 있기는 하다. 그들의 경우 자신의 문제를 깨달으며 두 번째 그룹과 같은 유형으로 변하거나, 첫 번째 그룹과 같은 모범생으로 변하기도 한다.

그렇다면 5년 후 세 그룹 참가자들은 과연 어떻게 변할까. 단 한 번의 교육 훈련으로 어느 그룹이 더 발전해 있으리라고 단정하기는 쉽지 않지만, 매 순간을 그렇게 산다면 5년 후에는 분명 달라져 있을 것이 틀림없다. 절실함은 불가능을 가능으로 만드는 놀라운 힘이 있기 때문이다. 그런 점에서 절실함만큼 사람을 스스로 움직이게 하는 힘도 없다.

## 절실함에는 사람을 끌어당기는 힘이 있다

앤드루 카네기Andrew Carnegie는 철강 산업을 통해 엄청난 돈을 번 기업가이자 노블레스 오블리주Noblesse Oblige를 실천한 대표적인 인물이다. 1919년 세상을 떠난 그가 아직도 많은 이들의 존경을 받는 이유는 "부자인 채로 죽는 것은 부끄러운 일"이라며 재산의 90% 이상을 사회에 환원했기 때문이다. 그 결과, 카네기재단 · 카네기 멜런대학 · 카네기 홀 · 카네기 도서관 등을 통해 그의 이름은 여전히 살아 있다.

스코틀랜드의 한적한 시골 출신이었던 그가 미국 최고 부자가 되고 세상에 이름을 남길 수 있었던 데는 가난했던 어린 시절 품었던 '절실함'이 큰 영향을 미쳤다.

언젠가 한 기자가 그에게 이렇게 물었다.

"당신은 왜 그렇게 교육에 힘을 쏟습니까? 가난한 사람들은 교육보다는 음식을 살 돈이 더 필요할 텐데 말이죠."

그러자 그는 이렇게 말했다.

"배가 고픈 사람에게 빵을 주는 건 무척 쉬운 일입니다. 하지만 평생 구걸하며 살 수는 없습니다. 그 때문에 빵보다는 빵을 살 수 있는 능력을 가르쳐줘야 합니다. 그런 능력을 길러주는 것이 바로 교육입니다."

그는 가난했던 어린 시절, 배움의 절실함과 소중함을 직접 체험했기 때문에 무엇을 해야 하는지 정확히 알고 있었다. 그 역시 전보 배달부 시절 앤더슨James Anderson 대령이 준 400권의 책을 읽으며 마음속에 새로운 꿈을 품었기 때문이다. 앤더슨 대령은 "공장에서 힘들게 일하는 아이들이 책을 마음껏 볼 수 있게 내 책 400권을 공개합니다."라는 광고를 냈고, 이를 본 카네기는 비록 공장에서 일하지는 않지만, 자신도 책을 볼 수 있게 해달라며 대령에게 편지를 보냈다. 그의 절실함에 앤더슨 대령은 모든 아이가 책을 볼 수 있게 했다. 그때부터 카네기는 아이들을 위한 도서관을 짓겠다는 꿈을 품었다.

절실한 사람들은 눈빛부터가 다르다. 눈빛, 집중력, 열정, 의지가 교차하면서 만들어진 삶은 누가 봐도 남다르다. 그것은 마치 자석처럼 필요한 사람과 도움을 주는 사람을 강력히 끌어당기며, 자신의 모든 것을 기꺼이 나누게 하는 마법 같은 힘을 발휘한다.

카네기 역시 그가 가진 절실함이 자석이 되어 전 생애에 걸쳐 자신을 도울 사람들을 끌어당겼다. 이민자 소년의 적극적인 태도를 보고 선뜻 전보 배달부 일을 허락한 전신 국장, 마음껏 책을 볼 수 있게 해준 앤더슨 대령, 철도 회사 일을 제안한 스콧, 침대열차 사업을 제안한 우드러프$^{\text{Theodore Tuttle Woodruff}}$ 등…. 그들은 카네기가 절실함이라는 자석을 이용해 자신의 삶 안으로 끌어들인 사람들이었다. 하지만 카네기처럼 역사에 이름을 남길 사람에게만 절실함이라는 자석을 품도록 허락된 것은 아니다. 오히려 절실함을 간직한 사람만이 이름을 남길 기회를 얻는 게 아닌가 싶다. 그러니 당신 역시 절실함을 갖고 있다면 일생에 걸쳐 당신을 도울 사람들이 마치 자석에 이끌린 것처럼 당신 곁으로 다가오게 될 것이다. 당신은 그저 절실함을 갖고 하루하루를 살면 된다. 그것만으로도 역사에 이름을 남길 준비가 된 셈이다.

# 성공은 꿈꾸는 사람이 아닌
# 실행하는 사람의 것

### 보고, 듣고, 읽기만 해서는 무엇도 달라지지 않는다

어떤 사람이 신에게 매일 간절하게 기도했다. 그는 자신이 처한 경제적인 어려움에서 빨리 벗어나게 해달라며 신에게 애원했다. 하지만 아무리 기도해도 가난에서 벗어날 길은 보이지 않았다. 절박해진 그는 기도 내용을 조금 바꾸기로 했다.

'신께서 내가 무엇을 원하는지 잘 모르는 것 같으니 기도를 좀 더 구체적으로 해야겠어.'

그날 이후 그는 더욱 구체적인 요구 사항을 기도에 담았다.

"신이시여, 제발 복권에 당첨되게 해주세요!"

그는 매일 열심히 기도하며 꽤 오랜 시간을 보냈다. 그런데도 신은 여전히 아무런 응답도 주지 않았다. 그러자 그는 '신께서 나를 버렸다.'라며 기도를 멈추고 원망과 분노를 쏟아내기 시작했다.

"신이시여! 제가 그동안 얼마나 열심히 기도했는지 아시지 않습니까? 제 정성이 갸륵하지도 않습니까? 이 정도 했으면 어떤 식으로건 응답해주셔야 하는 것 아닙니까? 정말 너무하십니다."

그러자 하늘에서 다음과 같은 소리가 들려왔다.

"내가 너의 간절한 기도를 듣고 어려움에서 구해주고자 네가 바라는 대로 복권에라도 당첨되게 해주고 싶었다. 그런데 네가 그 길마저 막지 않았느냐. 복권 당첨을 원한다면 적어도 복권 한 장쯤은 샀어야 나도 너를 위해 뭔가를 해줄 수 있지 않겠느냐."

언젠가 라디오에서 들었던 이야기다. 그저 웃고 넘어갈 우스갯소리일 수도 있지만, 그때 나는 이 짧은 이야기 속에서 큰 깨달음을 얻었다. 그즈음 나는 몸 여기저기가 자주 아파 육체적 건강 회복이 절실했다. 그래서 그만큼 열심히 기도했지만, 갈수록 몸과 마음이 무거워지기만 했다. 바로 그때 위 이야기가 벼락처럼 내 마음을 흔들었다.

나는 건강을 열망하면서 기도만 했지 결정적으로 '복권'은 사지 않았다. 즉, 건강에 대한 '소망'만 있었지 건강해지기 위한 '실천'이 없었다. 운동은 물론 휴식, 규칙적인 식사도 하지 않은 채 이전과 똑같은 방식으로 먹고, 마시고, 일하고, 생활하면서 생각날 때마다 그저 열렬히 바라기만 한 것이다. 그러고는 타고난 약골에 체력도 남들보다 형편없다며 부모님에게서 물려받은 유전자 탓을 했다.

건강을 소망하고 새로운 삶을 살기로 마음먹었다면 나는 언제든 그런 삶을 시작할 수 있었다. 나 스스로 그렇게 마음먹고 실천하기만 하면 되었기 때문이다. 하지만 나는 삶을 획기적으로 바꾸어줄 큰 기회를 기다리기만 했을 뿐, 내 삶을 구성하고 있는 사소한 것들의 힘을 외면했다. 아무것도 하지 않은 채 저절로 적절한 휴식과 운동, 영양분을 취할 수 있기를 막연히 바라기만 한 것이다. 그러면서도 '복권' 한 장 내 손으로 살 생각을 안 해봤으니, 그 이야기가 내게 준 충격은 가히 '유레카!'를 외칠 만큼 강력했다.

### 복권 당첨이 소원이라면 복권부터 사라

한 대기업 인사팀 상무와 '직장에서 소리 없이 승리하는 법'에 관해 이야기를 나눌 기회가 있었다. 그는 "조용하게 인정받고 소리 없이 승리하고 싶다면 먼저 인정받을 만한 행동을 해야 하지 않겠냐?"라며 너무도 당연한 이야기를 했다. 하지만 그것이 사람들이 가장 빨리 잊는 메시지임을 간과하고 있었다.

조용히 승리하고 싶건, 요란하게 승리하고 싶건, 일단은 인정받을 만한 행동을 해야 한다. 그래야만 인정받고 승리의 기틀을 마련할 수 있기 때문이다. '내가 이런 일을 했다.'라며 드러내놓고 생색낼 필요야 없겠지만, 어떤 형태로건 자신의 실천, 노력, 의지, 능력이 드러나야만 상사와 조직으로부터 인정받을 수 있다.

시간 날 때마다 리더십 강의를 찾아다니며, 자기계발에 중독이라도 된 듯 새 책을 찾아서 탐독하는 사람들이 있다. 그들은 "아무리 듣고 읽어도 달라지는 것이 없다."라며 탄식하곤 한다. 지극히 당연한 말이다. 보고, 듣고, 읽기만 해서는 무엇도 달라지지 않기 때문이다. 무엇을 보고 읽든 간에 그것을 행동으로 옮겨야만 비로소 변화할 수 있다. 의식적인 행동이 습관으로 굳어지고, 그 습관이 언제 어디서나 부지불식간에 실행에 옮겨질 때 그것은 비로소 내 것이 된다.

몇 년 전《평판의 힘》이라는 책을 쓰면서 각 분야에서 좋은 평판을 얻은 사람들의 공통점을 알게 되었다. 그들은 언제, 어디서나 올바른 행동이 자연스럽게 우러나도록 좋은 습관을 만드는 데 노력을 기울였다. 즉, 생활 속에서 매일 습관적으로 올바른 행동을 실천한 것이다. 그리고 그것은 그들의 평판이 되었다.

소리 없이 조용하게 성공하고 싶은가. 그렇다면 일상 속에서 인정받을 만한 행동을 꾸준히 실행에 옮겨라. 차곡차곡 당신만의 복권을 쌓아갈 때 사람들은 그것이 요행이나 운이 아닌 실력과 능력임을 알고 비로소 당신을 인정하고 따를 것이다.

# 슬럼프를 극복하는
# 네 가지 묘약

### 슬럼프를 어떻게 이겨 내는가?

가끔 나만 빼고 모두가 주인공인 듯한 생각이 들 때가 있다. 그럴 때면 자신감은 물론 모든 의욕이 다 사라진다. 드라마 속 한 장면, 그저 스쳐 지나가는 조연처럼 '그저 그런 존재'로 살고 있다는 생각이 들기 때문이다.

주인공의 화려한 삶, 주목받는 삶, 성취하는 삶과 비교하면 조연이나 엑스트라의 삶은 초라하기 그지없다. 그래서 대부분 그런 상황에서 벗어나려고 발버둥 치는 것인지도 모른다. '슬럼프slump'에 빠졌다고 괴로워하면서 말이다.

'슬럼프'의 사전적 정의는 '심신 상태 또는 작업이나 사업 따위가 일시적으로 부진한 상태'를 말한다. 말 그대로 '일시적으로 뭔가가 뜻대로 풀리지 않는 상태'이다.

일이 잘 풀리지 않고 하루하루가 지겹거나 의욕이 없을 때, 즉 슬럼프에 빠졌을 때 당신은 그것을 어떻게 받아들이는가? 고난? 아니면 기회? 나아가 그 시간을 어떻게 보내는가?

슬럼프는 뜻하지 않는 곳에서 갑작스럽게 찾아온다. 그러다 보니 잘 나가던 사람이 예기치 않은 병이나 사고 때문에 주저앉기도 하고, 믿었던 동료나 친구의 배신으로 한순간에 삶의 의욕을 상실하기도 한다. 뚜렷한 이유 없이 지나온 삶 전반에 회의를 느끼는 일도 있다.

드라마 속 주인공들은 이런 위기와 역경을 강한 의지와 주변의 도움, 뜻하지 않은 행운으로 멋지게 이겨내곤 한다. 특히 슬럼프가 만드는 극적인 상황이 오히려 주인공의 삶을 더욱 빛내는 '결정적인 계기'가 되며, 언제나 가장 극적인 방식으로 그 순간을 최고의 기회로 만든다. 하지만 현실의 슬럼프는 도약의 기회라고 하기에는 너무도 힘겹다. 거기서 빠져나오려고 할수록 더 깊이 빠져들기 때문이다. 강한 의지는 오히려 일을 더 꼬이게 하고, 주변에 마땅히 도움을 줄 만한 사람 역시 없다. 행운의 여신마저 일부러 피해 가는 듯 불운이 계속되기도 한다. 그러다 보니 미래는 보이지 않고, 현재는 곤궁하며, 의지할 사람이라고는 어디에도 없는 '세상에서 가장 불행한 사람'처럼 자기 자신이 느껴진다. "모든 것은 다 지나간다. 지나고 나면 아무것도 아니다."라는 주변의 충고도 그 순간에는 전혀 들리지 않는다. 그럴진대, 슬럼프가 오히려 기회가 되었다는 세간의 말은 가당치도 않은 '그림의 떡'일 뿐이다.

과연, 그럴 때는 어떻게 해야 할까. 대부분은 "그저 흐름에 자신을 맡기고 지켜보라."라고 한다. 만일 20대의 나였다면 그런 충고에 코웃음 쳤을 것이다. "도대체 언제까지 지켜봐야 하냐?", "그런 말은 속 편한 사람들이 자기 위안을 위해 하는 말일 뿐이다."라고 반박하며 내 안의 자존심을 더욱더 빳빳하게 세웠을 것이 틀림없다. 그런데 나이가 들어서일까, 아니면 세상 경험을 그만큼 했기 때문일까. 지금의 나는 이전과는 확연히 달라졌다.

### 위기는 '위험'과 '기회'의 합성어, 마음먹기에 달렸다

성공한 기업가이자 이매지니어인 스튜어트 에이버리 골드<sup>Stuart Avery Gold</sup>의《핑<sup>Ping</sup>》을 보면 더 나은 삶을 위해 연못 밖으로 뛰쳐나온 '핑'이라는 개구리가 나온다.

새로운 세상을 향한 열망으로 가득하지만, 오직 뛸 줄밖에 모르는 핑은 더 높은 곳에 오르려다가 그만 강물에 빠지고 만다. 살기 위해 발버둥 치던 핑은 불현듯 부엉이의 가르침을 떠올린다.

'몸의 힘을 빼고 물의 흐름에 몸을 맡겨라!'

그제야 핑은 허우적거림을 멈추고 물의 흐름을 느끼려고 애썼다. 그러자 삼켜버릴 듯한 기세로 덤벼들던 물이 잔잔해졌고, 마치 물과 자신이 하나가 된 듯한 편안함을 느끼게 되었다. 여전히 위험한 물속에 있었지만, 더는 자신을 위협하는 물이 아니었기 때문이다. 그리고 얼마 후 물의 도움을 받아 (흐름을 따라) 마침내 육지에 도달하게 되었다.

돌이켜 보면 우리는 어린 시절부터 '인생의 주인공은 나'라는 말을 여러 경로를 통해 수시로 주입받아 왔다. 하지만 인생의 위기와 슬럼프를 받아들이는 방법, 극복하는 방법, 그것을 위기가 아닌 기회로 삼는 방법에 대해서는 별로 배우지 못했다. 그래서 돌멩이 같은 작은 시련 앞에서 도마치 큰 바위에 짓눌리기라도 한 듯 신음하고, 아파하며, 지레 포기하는지도 모른다.

위기는 '위험'과 '기회'의 합성어라고 한다. 위기라고 느끼는 순간, 그것은 위험이 될 수도 있고, 기회가 될 수 있다. 당신은 과연 어떤가? 위기를 '위험'이라는 렌즈로 바라보는 데 익숙한가, 아니면 '기회'라는 렌즈로 바라보는 데 익숙한가. 위험이라는 렌즈로 바라보면 위기의 순간 최선을 다해 도망쳐야 한다. 필사의 몸부림이라도 쳐서 일단은 피해야 하기 때문이다. 그러나 기회의 렌즈로 바라보면 위기는 잠시 자신을 낮추고 주변 상황에 귀 기울여야 하는 상황으로 인식하게 된다. 그렇다면 과연 위기의 순간, 위험 렌즈와 기회 렌즈 중 어떤 렌즈를 착용하는 것이 우리에게 유리할까.

지금은 방송인이자 야구 해설위원, 인기 강사로 활동하는 전직 프로 야구 선수 양준혁의 인터뷰 기사를 본 적이 있다.

'양신'이라고 불리는 그에게도 슬럼프는 있었다. 2002년 어깨 통증으로 인해 프로 입단 후 처음으로 타율이 2할대로 떨어진 것이다. 당시 그의 나이 서른넷. 변화를 시도하기에는 적지 않은 나이였기에 선수 생활이 끝났다고 할 수도 있었지만, 끝내 포기하지 않았다. 그는 자신의 타격 모습이 담긴 사진과 영상을 뒤져 두 달 넘게 천 가지가 넘는 타격 자세를 실험했고, 몸에 익은 타격 자세를 버리고 백지상태에서 새로운 타격 기술을 만들었다. 그것이 바로 그의 트레이드마크가 된 '만세 타법'이다. 결국, 그는 이듬해 프로 입단 후 최고의 성적을 올렸을 뿐만 아니라 마흔 두 살까지 선수 생활을 이어갈 수 있었다.

### 삶은 슬럼프의 연속, 우직하게 자기 길을 가라

인생에는 오르막과 내리막이 있다. 내리막을 향해 곤두박질 때 주저앉지 않고 용기를 내어 자기가 해야 할 일을 우직하게 해나가면 그것이야말로 소리 없이 남들에게 인정받고 스스로 강해지는 길이다.

이렇듯 생각하기에 따라 위기가 전혀 다르게 해석될 수 있다는 사실을 알게 되면 슬럼프를 대하는 자세 역시 확실히 바뀌게 된다. 그렇다면 어떻게 하면 슬럼프에서 빨리 벗어날 수 있을까.

첫째, 슬럼프를 파도처럼 다가왔다가 물거품처럼 사라지는 것으로 생각해야 한다. 파도가 아무리 크고 성난 것처럼 보여도 결국은 물거품이 되어 곧 사라진다. 그러니 '모든 일에는 끝이 있다.'라고 생각해야 한다. 그러면 마음의 여유를 찾기가 훨씬 수월하다. 또한, 슬럼프는 파도처럼 일생에 걸쳐 반복될 것이다. 때로는 거세게, 때로는 부드럽게, 또 때로는 빠른 속도로 몰아치고, 때로는 지루할 정도로 잔잔하고 더디게, 때로는 모든 것을 쓸어가기도 하고, 때로는 귀한 것을 실어오기도 하면서 말이다. 그러니 슬럼프에 굳이 집착할 필요 없다. 오면 오나보다, 가면 가나보다 라고 생각하며 덤덤하게 생각해야 한다.

둘째, 일이 꼬인다고 해서 급하게 그 원인을 분석하고 문제를 해결하려고 덤비지 말아야 한다. "인생은 가까이서 보면 비극이고, 멀리서 보면 희극이다."라는 찰리 채플린<sup>Charlie Chaplin</sup>의 말을 곰곰이 되새겨보라. 현재의 처참함을 만회하려고 막무가내로 덤비다가는 더 심한 슬럼프에 빠질 수 있다. 그러니 슬럼프에 빠졌을수록 일의 속도를 늦춰야 한다.

셋째, 큰 귀와 아주 작은 입을 갖기 위해 노력해야 한다. 힘든 일이나 상황에 빠졌을 때 누군가에게 이야기하면 조금 수월해지곤 한다. 듣는 사람이 내 편에 서서 동의와 지지를 해주면 더욱더 그렇다. '내 탓'이 아니라 '남 탓'을 하는 게 합리화되기 때문이다. 그래서 '수다'와 '뒷말'이 필요한 것인지도 모른다. 그러나 수다나 뒷말은 그 순간을 즐겁게 하는 작은 위안일 뿐, 힘든 상황을 극복하려면 그것을 누군가에게 말하기보다는 다른 사람들의 글과 이야기 속에서 자기에게 맞는 답을 찾을 수 있도록 귀를 열어두어야 한다. 그러다 보면 생각지도 못한 곳에서 아주 특별한 충고를 얻을 수 있다.

넷째, 계획과 목표를 유연하게 수정해야 한다. 어떤 상황에서건, 누구에게나 배울 점이 있기 마련이다. 예컨대, 나를 힘들게 하는 사람, 내가 처한 어려운 상황도 되돌아보면 배울 점이 반드시 있다. 이를 통해 미처 몰랐던 것을 새롭게 깨닫고 배우면 더 나은 방향으로 계획과 목표를 수정할 수 있다. 중요한 것은 자신이 세운 목표와 계획을 수정해야 할 일이 생겨도 '이번 일은 실패했다.'라고 생각하지 않아야 하는 것이다. 따라서 조금 더디지만, 더 나은 방향으로 나아가게 될 것이라고 스스로 믿어야 한다. 그러다 보면 자신의 실수나 실패에도 조금 더 너그러워질 수 있다. 나아가 나 자신의 실패나 시행착오를 보고 누군가는 타산지석의 교훈으로 삼을 수도 있다.

스티브 잡스는 스탠퍼드대학교 졸업식에서 다음과 같은 명언을 남겼다.

'Stay hungry, Stay foolish(언제나 갈망하고, 언제나 우직하게)!'

어린 시절 입양과 사업 실패, 암 투병 등 적지 않은 삶의 굴곡을 겪은 그에게 삶은 어쩌면 고난과 슬럼프의 연속이었을지도 모른다. 그런데도 그는 "생명이 있는 한 잃는 건 없다."라며 "인생의 내리막에서 절대 주저앉지 마라."고 충고했다.

슬럼프에 빠졌다며 좌절하는 당신! 그러나 되돌아보라. 한 번이라도 슬럼프에 빠지지 않은 적이 있는지. 분명 이전에도 그런 시련을 겪었고, 앞으로도 수없이 그런 경험을 하게 될 것이다. 그러니 좌절하기보다는 다시 일어서서 우직하게 자기 길을 가야 한다.

# 우리는
# 이미 승자다

**승리란 과연 무엇인가?**

토끼와 거북이 이야기를 모르는 사람은 아마 없을 것이다. 거북이를 얕잡아 본 토끼는 한참 뒤처진 거북이를 보고 느긋한 마음이 들어 잠깐 쉬어 가려다가 그만 잠이 들고, 그사이 쉬지 않고 열심히 달린 거북이는 토끼보다 먼저 결승점에 도착한다.

어린 시절 우리는 이 우화를 들으며 성실한 느림보 거북이가 자만에 빠진 토끼를 이겼다고 배웠다. 그리고 거기에는 꾸준히 목표를 향해 나아가야 한다는 교훈이 항상 뒤따랐다. 하지만 생각해보자. 아직도 거북이가 승자라고 생각하는가?

개미와 베짱이 우화도 있다. 무더운 여름날 쉬지 않고 열심히 일한 개미는 추운 겨울이 와도 아무 걱정 없을 만큼 충분한 음식을 저장해둔다.

그리고 그것으로 한겨울을 배부르고 따뜻하게 지낸다. 하지만 여름 내내 땀 흘리며 일하는 개미를 우습게 여기고, 그저 신나게 먹고, 마시며, 노래를 즐긴 베짱이는 겨울이 되자 주린 배를 움켜쥐고 개미에게 도움을 청한다. 착한 개미는 불쌍한 베짱이에게 따뜻한 음식을 기꺼이 나눠준다. 개미의 부지런함과 남을 돕는 온정에 큰 깨달음을 얻은 베짱이는 뒤늦게 자신의 잘못을 깨닫고 자신도 개미처럼 열심히 일하기로 다짐한다.

이 이야기는 어떤가. 역시 우리가 본받아야 할 쪽은 베짱이가 아니라 개미라고 확신하는가?

### 승리 기준은 제각각, 누구나 승자일 수 있다

새마을운동 깃발 아래 '새벽종이 울렸네. 새 아침이 밝았네.'라는 노래를 들으며 새벽 청소로 아침을 시작했던 나는 거북이와 개미가 승자라는 것에 대해 한 치의 후회와 의심도 하지 않은 채 어린 시절을 보냈다. 또한, 그동안 살면서 성공, 신화, 우승, 부, 명예라는 화려한 단어를 삶에 접목하지 않았어도, 소위 말하는 거북이식, 개미식 승리의 기준에 대해 단 한 번도 의심하지 않았다. 그런데 어느 날부터 나와 똑같은 줄로만 알았던 친구들이 하나둘 '승리'를 버리고 떠나기 시작했다.

먼저, 잘 나가던 서울대 캠퍼스 커플이 결혼 후 직장을 그만두고 귀농을 선언하며 시골로 떠났다. 온종일 땡볕에 쭈그려 앉아서 김을 매다가 잠시 허리를 펴고 하늘, 바람, 나무를 바라보는 삶이 행복하다며 화려한 구두를 벗어 던지고 흙 묻은 장화를 택한 것이다.

한창 날 나가던 의사 친구 역시 강원도 두메산골에 터를 잡고 자신을 '감자밭 영주 아주머니네 소작농'이라 부르며 싱글벙글했다. 온종일 캔 감자 몇 자루를 갖다 주고 얻어 온 푸성귀로 차려진 식탁이 서울에서 먹던 진수성찬보다 훨씬 낫다는 데는 실소를 금할 수 없었다.

그들은 왜 도시의 화려하고 풍족한 삶을 포기하고, 시골의 수수하고 빈곤한 삶을 택한 것일까. 남들은 퇴직 후에나 한 번쯤 꿈꾸는 귀농과 전원생활을 조금 먼저 시작했을 뿐이라는 것이 그들의 주장이다. 생각해 보니 틀린 말도 아니었다.

앞만 보며 죽도록 달린 거북이, 여름 내내 한눈 한 번 팔지 않고 일만 한 개미가 정말 승자일까? 어쩌면 자신이 너무 빨리 달려온 것을 깨닫고 상대적으로 뒤처진 거북이와 보조를 맞추기 위해 잠시 그늘에 누워 낮잠을 청한 토끼나 아름다운 계절을 만끽하며 음악을 즐기고 흥에 취한 베짱이 역시 또 다른 의미의 승리를 경험한 것은 아닐까. 만일 그렇다면 토끼와 베짱이 역시 절대 패자라고만 할 수는 없다.

승자와 패자를 이분법으로 갈라놓고 이기는 사람은 무조건 승자, 그렇지 않은 사람은 모두 패자로 이름 붙이는 것이 진리라면 세상사람 모두가 더욱 치열하게 살아야 한다. 소수에게만 보장된 승자의 특권이야말로 진정한 가치가 있을 테니 말이다. 그러나 승리의 기준이 다르면 다수의 승자가 서로 행복하게 공존할 수 있다. 근면 성실함에서는 거북이와 개미가 좀 더 유능하고, 인생의 여유와 흥을 즐기는 데는 토끼와 베짱이가 조금 더 유능하다고 생각하는 것은 어떨까. 동기 중에서 가장 먼저 승진한 사람이 승자는 아니다. 가장 넓은 아파트 평수를 자랑하는 친구가 유일한 승자일 수도 없다. 연봉만으로 승자와 패자를 가를 수도 없다. 능력 있는 배우자를 만났다고 해서 승리의 기쁨에 도취해서도 안 된다. 사람마다 승리의 기준이 모두 다르기 때문이다.

### 자신을 향한 인색함과 엄격함의 잣대를 내려놓아라

우리에게 승리란 과연 무엇인가? 어떤 순간에 우리는 승리의 쾌감을 느끼는가?

승리를 갈망하는 순간, 우리는 이미 승자일 수 있다. 어디서 누구와 어떤 일을 하건, 통장 잔액과 재산이 얼마건, 부르면 달려올 유력 인사들의 전화번호가 얼마나 있건 상관없이, 어떤 점에서 우리는 이미 승자다. 혹시 다양한 승리의 기준을 인정하지 못해 그동안 승리의 쾌감을 즐기고, 승리를 자축하는 데 인색했다면 이제 그만 자신을 향한 인색함과 엄격함의 잣대를 내려놓아라. 패배를 거울삼아 승리를 향해 나아가는 것도 좋지만, 패배에 익숙할 필요도 없다. 그렇다고 해서 크고 작은 승리와 성취감을 맛보는 일에 인색해질 필요는 더욱더 없다.

아주 작은 성공이라도 그 맛을 아는 사람만이 또다시 새로운 일에 도전할 수 있다. 지금까지 이룬 작은 성취와 성공 그리고 승리를 만끽하라. 그것이 새로운 승리, 더 큰 승리를 낳는 밑거름이 될 것이다.